Rheinland

Die Gerichte unserer Kindheit

Rezepte und Geschichten

Wartberg Verlag

Sabine Durdel-Hoffmann

Bildnachweis

Titelfoto: ullstein bild-Werner OTTO

Bongartz: S. 109, 111, 113; fotolia.com/Cologna Photos: S. 95; fotolia.com/creative studio: S. 35; fotolia.com/daffodilred: S. 63; fotolia.com/der hugo 2: S. 93; fotolia.com/Firma V: S. 107; fotolia.com/Heike Rau: S. 97; fotolia.com/hobbyfotograf110: S. 53; fotolia.com/Joerg Beuge: S. 99; fotolia.com/onepony: S. 115; fotolia.com/pholidito: S. 73; fotolia.com/Printemps: S. 79; fotolia.com/Quade: S. 61; fotolia.com/Schwoab: S. 101; fotolia.com/Tanja: S. 41; fotolia.com/TwilightArtPictures: S. 69, 71, 121; picture alliance/Arco Images: S. 67; Gräßle: S. 39; Grafschafter Krautfabrik Josef Schmitz KG, Meckenheim: S. 83; Knyrim: S. 9; Lusk: S. 31; Nacke-Pollmann: S. 125; neurolle – rolf / pixelio.de: S. 29; privat: S. 7, 43, 45, 47; Pütz: S. 21; Schayer: S. 117, 119; Schlösser: S. 55; Schwarz: S. 57; Simons-Hoppe: S. 65; Wischnewski: 17, 49; Wolter: S. 11, 13; Zitzmann: S. 15, 27
Sabine Durdel-Hoffmann: S. 5, 19, 23, 25, 33, 37, 51, 59, 75, 77, 81, 83, 85, 87, 89, 91, 103, 105, 123

1. Auflage 2015

Satz und Layout: Christiane Zay, Potsdam
Druck: Druck- und Verlagshaus Thiele & Schwarz GmbH, Kassel
Buchbinderische Verarbeitung: Buchbinderei S. R. Büge, Celle

34281 Gudensberg-Gleichen, Im Wiesental 1
Telefon: 0 56 03 - 9 30 50
www.wartberg-verlag.de
ISBN 978-3-8313-2301-2

Rheinische Muscheln, wie es sie auch in Düsseldorfer Traditionslokalen wie „Benders Marie“ gab und gibt, konnte Rolfs Oma Martha unvergleichlich gut zubereiten.

Frischer Fisch

Rolfs Familie stammt aus Odenkirchen, heute Teil von Mönchengladbach. Aus den 1950er-Jahren erinnert sich Rolf noch, dass der Großvater im Winter mit einem Ponyfuhrwerk durch die „Herrlichkeit Odenkirchen“ (so einst benannt als Unterherrschaft des Kölner Erzstiftes) und die angrenzenden Dörfer zog und die Einwohner mit frischem Fisch versorgte: In einer riesengroßen Holztonne, deutlich größer als der kleine Rolf, wurden Heringe transportiert, in mit Wachspapier ausgelegten Holzkästchen Räucherfisch; außerdem lieferte der Großvater die im Rheinland so beliebten Muscheln.

An der Zubereitung der frischen Miesmuscheln, die aus der Nordsee kamen, entzündete sich so mancher Streit: Es gab die „weiße“ Fraktion, die den Sud lediglich mit weißen Gemüsen zubereitete, und die „rote“ Fraktion, die vehement für die Zugabe von Möhren plädierte, so erinnert sich Rolf noch genau. Wie dem auch sei: Bei niemandem schmeckten die „Müschelschen“ so lecker wie bei Großmutter Martha.

Rolf, Odenkirchen

Eiserwaffeln

Zutaten

(für ca. 4 Personen, je nach Größe des Waffeleisens und Stärke der Waffeln)

50–200 ml Milch
150 g brauner Zucker
150 g Butter
2 große oder 3 kleine Eier
300 g Mehl
1 gehäufter TL Anissamen
1–2 TL gemahlener Kardamom (alternativ gemahlener Zimt oder Vanillezucker)
Fett für das Waffeleisen

Zubereitung

In einem Topf bei niedriger Temperatur die Milch erwärmen. Den Zucker unter Rühren darin auflösen und die Flüssigkeit etwas abkühlen lassen. Währenddessen in einem weiteren Topf die Butter bei mittlerer Temperatur zerlassen, dann in eine große Schüssel füllen und mit einem Handrührgerät schaumig aufschlagen.

Nach und nach unter Rühren die Zuckerlösung zugeben, dann die Eier. Das Mehl darübersieben und unterrühren, zum Schluss die Gewürze gleichmäßig unterziehen.

Den Teig 30 Minuten quellen lassen – es sollte ein nur halbfester, noch zäh fließender Teig entstehen. Eventuell noch etwas Flüssigkeit zugeben: je flüssiger der Teig, desto dünner und knuspriger die Waffeln.

Das Eiserwaffeleisen vorheizen und etwas einfetten. Nach und nach kleine Teigmengen, für jede Waffel ca. 1 EL voll, ins Waffeleisen geben und goldbraune Waffeln backen. Vorsicht, es geht schnell! Am besten zu zweit arbeiten: Die fertigen Waffeln mit einer Gabel vom Eisen ziehen und noch warm zu Hörnchen oder Rollen formen. Auf einem Kuchengitter auskühlen lassen. Die Waffeln schmecken mit Sahne oder Eis gefüllt oder „einfach so“ und halten luftdicht in Blechdosen verpackt bis zu 4 Wochen.

Bekannt in Odenkirchen und den Nachbarorten wie ein bunter Hund und von Groß und Klein sehnsüchtig erwartet: Rolfs Großvater mit seinem selbst entwickelten Eiswagen.

Der Eismann kommt!

Im Winter lieferten der Großvater und die Mutter von Rolf im Odenkirchen der 1950er-Jahre und den angrenzenden Dörfern Fisch, im Sommer Eis aus – eine Marktlücke, denn damals hatten noch nicht alle Haushalte Kühlmöglichkeiten. Zunächst wurde der Eiswagen mühsam per Hand geschoben, später gab es ein DKW-Motorrad mit Anhänger und schließlich einen 170er-Mercedes. Aus dem hatte man hinten die große Klappe entfernt und stattdessen einen kleinen Verkaufsstand eingebaut.

Im Schlafzimmer der großelterlichen Wohnung standen auf der Fensterbank die Waffeleisen. Die Waffeln für das Eis wurden nämlich nicht in den handelsüblichen großen Kartons gekauft, sondern selber gebacken, und das schmeckte man auch! Die gab es aber nur zu Eisportionen, die mehr als 30 Pfennig kosteten. Weil sie so lecker und in ganz Odenkirchen hochgeschätzt waren, bezahlten die Kunden gerne dafür.

Mehrere Waffeleisen waren gleichzeitig in Betrieb und das Backen musste rasend schnell gehen: Rasch waren die Waffeln goldbraun, mussten vom Eisen gezogen und noch warm über Holzformen gerollt werden. Auch hier war Großmutter Martha, die eine besonders gute Köchin und Bäckerin war, Meisterin ihres Fachs und bediente fünf Waffeleisen gleichzeitig. Rolfs Vater erwies sich als weniger geeignet für diese Tätigkeit und scheiterte „schon" an drei Waffeleisen: „Minne Vatter", lacht Rolf heute noch, „hätt ewisch de Tuppen (Finger) verbrannt." Hin und wieder wurde übrigens ganz absichtlich Bruch produziert, denn den durfte der kleine Rolf naschen und lud auch gern einmal seine Freunde dazu ein. Kein Wunder, dass er bei denen so überaus beliebt war!

Rolf, Odenkirchen

Apfelkuchen rheinische Art

Zutaten

(für 1 Kuchen)

250 g weiche Butter
250 g Zucker zzgl. 120 g Zucker fürs Baiser
250 g Mehl
2 Pck. Vanillezucker
1 Pck. Backpulver
2 Eier
4 Eigelb
3 große säuerliche Äpfel
2 Eiweiß

Zubereitung

Den Backofen auf 220 °C vorheizen. Für einen flacheren Kuchen in einer Springform die Mengen halbieren. In einer Schüssel Butter, Zucker, Mehl, Vanillezucker, Backpulver, Eier und Eigelbe zu einem schweren, aber geschmeidigen Teig verrühren.

Eine große Springform oder ein mittelgroßes, hohes Blech mit Backpapier auskleiden und den Teig hineinfüllen beziehungsweise darauf verstreichen. Die Apfelspalten hineindrücken. Den Kuchen im Ofen auf der mittleren Schiene 35–40 Minuten backen. Bleibt an einem hineingesteckten Zahnstocher kein Teig mehr haften, ist der Kuchen fertig.

Noch warm mit Sahne genießen oder, wer dem Ganzen die Krone aufsetzen will, 2 Eiweiß und 120 g Zucker miteinander zu Eischnee aufschlagen, in großen Tupfen auf den Kuchen setzen und noch einmal 5–7 Minuten in den Ofen schieben, dabei aufpassen, dass die süße Baiserhaube nicht zu braun wird.

Eine Geburtstagsparty hatte viele Höhepunkte für Jonathan, unter anderem den rheinischen Apfelkuchen – da glühten die Wangen!

Geburtstagsessen – ganz nach Wunsch

Manche Gerichte schmecken nach Kindheit. Für manch einen ist das Graupensuppe, und das im positiven Sinne. Wie sich das mit der Graupensuppe ergeben hat, weiß ich gar nicht mehr. Auf jeden Fall war es so, dass wir für unseren Sohn Jonathan ständig Graupensuppe kochten. Wenn er krank war und sich etwas wünschen durfte: Graupensuppe. Wenn er gesund war und sich etwas wünschen durfte, ja, sogar auf den Kindergeburtstagen: immer Graupensuppe. So wurde es nicht nur für uns, sondern vor allem für Johnnys Freunde und Geburtstagsgäste zu einer regelrechten Tradition. Fast alle der eingeladenen Kinder kannten keine Graupensuppe und so wurde die Graupensuppe zu einer wahren Delikatesse hochstilisiert … schon Tage vor dem Geburtstag wollten alle immer wissen: „Gibt es wieder Graupensuppe?" Im Gegensatz zur Vorgängergeneration, der sie in Kindertagen verhasst war, fanden diese Kinder Graupensuppe einfach toll.

Nicht, dass es nicht noch weitere Höhepunkte auf der Feier gab: das weltberühmte Bobbycar-Rennen in Vaters Atelier mit selbst gebauter Rennbahn aus Styropor oder den rheinischen Apfelkuchen. Die Äpfel dazu stammten von den alten Apfelbäumen im großen Garten hinterm Haus – kein anderer Apfelkuchen schmeckte sooo gut! In den Karrees vieler älterer Düsseldorfer Häuser gibt es nämlich herrlich verwunschene Gärten mit altem Baumbestand … eine Kindheit in der Stadt und doch mitten in der Natur! Das Apfelkuchenrezept wurde übrigens von Generation zu Generation in der Familie und in der Nachbarschaft weitergereicht.

Petra und Jonathan Knyrim, Düsseldorf

Gespickter Hasenbraten

Zutaten

(für 4 Personen)

200 g fetter Speck
Salz und frisch gemahlener schwarzer Pfeffer
3 Lorbeerblätter
1 EL gerebelter Thymian
1 küchenfertiger junger Hase (ca. 1 kg, beim Fleischer bestellen)
100 g Butter
5 Speisezwiebeln
2 Möhren
1/4 Sellerieknolle
1 EL Mehl
200 g Crème fraîche
Rotwein nach Belieben

Zubereitung

Den Backofen auf 220 °C vorheizen. Die Hälfte des Specks in schmale Streifen schneiden und beiseitelegen. Die andere Hälfte in dünne Scheiben schneiden und den Boden eines Bräters damit auslegen. In einer kleinen Schüssel Salz, Pfeffer, Lorbeer und Thymian miteinander zerstoßen und die Speckstreifen darin wälzen.

Den Hasen waschen und mit Küchenpapier trocken tupfen. Mit den Speckstreifen spicken und mit dem Rücken nach oben in den Bräter legen. Die Butter in Flöckchen daraufsetzen. Das Gemüse putzen und grob hacken, dann mit in den Bräter geben und 500 ml heißes Wasser angießen. Den Bräter auf die unterste Schiene des Backofens schieben und den Hasen 40 Minuten braten, dabei immer wieder mit der Flüssigkeit begießen und bei Bedarf mehr Flüssigkeit zugeben. Das Fleisch ist gar, wenn das Hineinstechen mit einer Gabel leicht gelingt und keine rote Flüssigkeit austritt.

Den Bräter aus dem Ofen nehmen, den Hasen herausheben und kurz warm stellen.

Die Bratensauce pürieren, etwas davon abnehmen und gut mit dem Mehl verquirlen. Wieder zur Sauce geben und diese binden. Mit Crème fraîche und nach Belieben mit Rotwein verfeinern, abschmecken und zum Hasen servieren. Dazu schmecken Salzkartoffeln und Rotkohl.

Im Bonner Restaurant „Zum Ritter“, das seine Eltern führten, verlebte Max Wolter eine glückliche Kindheit. Gemeinsame Freizeitvergnügen mit den in der Gastronomie tätigen Eltern wie hier im Schwimmbad dürften aber eher selten gewesen sein.

Kindheit im Schlaraffenland

Ich wuchs in der Bonner Altstadt auf und verbrachte meine Kindheit in den 1960er- und 1970er-Jahren sozusagen im Restaurant meiner Eltern. Die Gaststätte „Zum Ritter“ war ein echtes Familienunternehmen, mein Vater war Koch, meine Großmutter Köchin und meine Mutter die gute Seele des Ganzen. Die Küche war gutbürgerlich mit einem Schwerpunkt auf Wildspezialitäten, da mein Vater ein passionierter Jäger war. Es war wunderbar, in einem Restaurant aufzuwachsen, denn meistens marschierte ich nach der Schule schnurstracks in die Küche und suchte mir einfach aus allen Töpfen das Beste aus! Außer Kohlgerichten wie Grünkohl und Wirsing oder auch Spinat schmeckte mir alles. Nur am Dienstag hatten wir Ruhetag und die ganze Familie aß zusammen, allerdings frei nach dem Motto: Heute bleibt die Küche kalt, wir gehen in den „Wienerwald“.

Was mein Vater in der Wildsaison besonders gut zubereiten konnte, war Hirschgulasch mit Preiselbeeren. Mein Lieblingsgericht aber war der typisch rheinische mit Speck gespickte Hasenbraten mit Kartoffeln und Rotkohl. Von meinem Vater habe ich übrigens früh gelernt, selbst einem Hasen das Fell über die Ohren zu ziehen.

Max Wolter, Glasbildhauer in Köln

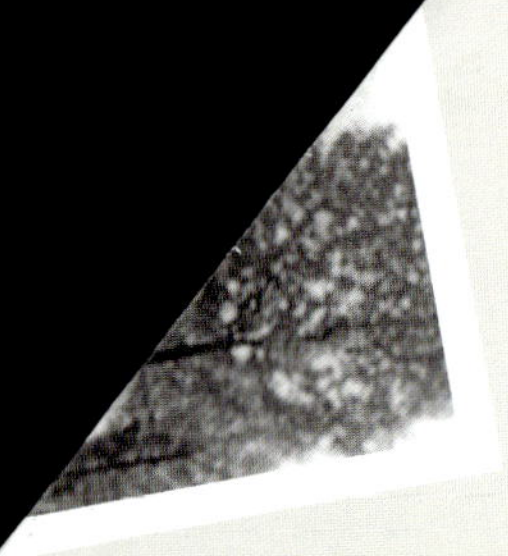

Kartoffelsalat

Zutaten

(für 4 Personen)

1,5 kg mittelgroße, vorwiegend festkochende Kartoffeln
5 Eigelb
2 TL scharfer Senf
2 TL Kräuteressig
1 Msp. Zucker
Salz und frisch gemahlener schwarzer Pfeffer
500 ml Pflanzenöl
Kondensmilch
2 Zwiebeln
5 Gewürzgurken

Zubereitung

Am Vortag die Kartoffeln abbürsten und mit Schale in Salzwasser kochen. Abkühlen lassen und am nächsten Tag pellen, in dicke Scheiben schneiden.

Für die Mayonnaise die Eier trennen und die Eigelbe in eine Schüssel geben. Senf, Essig, Zucker, Salz und Pfeffer dazugeben und alles kräftig verquirlen. Das Pflanzenöl unter Rühren in dünnem, gleichmäßigem Strahl zulaufen lassen, dann die Kondensmilch unterrühren. Es sollte eine sämige Creme entstehen. Kräftig abschmecken. Zwiebeln und Gewürzgurken fein hacken und unterziehen. Die Mayonnaise etwa 30 Minuten im Kühlschrank anziehen lassen.

Unter die Kartoffeln heben, wieder abschmecken und den Kartoffelsalat vor dem Servieren am besten nochmals einige Stunden in den Kühlschrank stellen, damit die Kartoffeln das Aroma gut aufnehmen.

Max Wolter und sein Bruder im Partner-Look: Ihre Eltern waren Gastwirte in Bonn.

Karneval und andere Feierlichkeiten

Unsere Gaststätte „Zum Ritter“ lag in den 1960er- und 1970er-Jahren in der Bonner Altstadt – genau am Weg des Bonner Karnevalszuges. Und mein Vater war ein absoluter Karnevalsjeck. Da wundert es nicht, dass seine „Karnevals-Frikadellen“ mit Kartoffelsalat besonders gut gelangen und stadtbekannt waren, in der Karnevalszeit war das Gericht der Renner. Aber nicht nur in der „fünften Jahreszeit“ war der „Ritter“ eine beliebte Anlaufstelle zum Essen und Feiern. Unsere Gäste waren meist Stammkunden, und da wir auch eine Kegelbahn hatten, verkehrten viele Kegelklubs in unserer Gaststätte. Mit dem Wiederaufstellen der Kegel verdiente ich als Knirps meine ersten Groschen!

Bei uns wurden auch viele Hochzeiten gefeiert und dabei fiel mir regelmäßig die Aufgabe zu, in die Stadt zum italienischen Eis-Lazzarin zu gehen und eine Eisbombe „Vanille-Erdbeer-Schokolade“ zu kaufen. Alles, was von der Eisbombe übrig blieb, putzten mein Bruder und ich dann weg. Fürs Eisholen wurde ich also in Naturalien bezahlt.

Max Wolter, Glasbildhauer in Köln

Mutzenmandeln

Zutaten

(für 6 Personen)

80 g Butter
100 g Zucker
3 Eier
1 EL Rum
400 g Mehl
1 gestrichener EL Backpulver
100 g gemahlene Mandeln
100 ml Milch
1,5 g Frittierfett
Puderzucker zum Bestäuben

Zubereitung

In einer Schüssel die Butter mit dem Zucker schaumig rühren. Unter Rühren die Eier und den Rum zugeben. Das Mehl mit dem Backpulver vermischen und darübersieben. Weiterrühren und löffelweise abwechselnd die gemahlenen Mandeln und die Milch zugeben. Es sollte ein zäher Teig entstehen, eventuell mehr Milch zugeben. Den Teig 20–30 Minuten ruhen lassen.

Das Frittierfett auf 180 °C erhitzen. Den Teig auf einer bemehlten Fläche 1,5–2 cm dick ausrollen und daraus Mutzenmandeln mit einem Förmchen ausstechen oder mit einem Messer ausschneiden und mit den Händen formen.

Die Mutzenmandeln portionsweise in dem heißen Fett backen, bis sie goldbraun sind. Zum Abtropfen auf ein mit Küchenpapier belegtes Kuchengitter legen und mit Puderzucker bestäubt servieren.

Karneval ist eine ernste Angelegenheit, so auch für die Düsseldorfer Familie Zitzmann – vor allem offenbar für die kleine „Holländerin“ Sabine und die „Indianerin“ Verena.

Rosa Rüschenschlüpfer

Wer wie meine Schwester Verena und ich in den 1960er-Jahren in einer rheinischen Karnevalshochburg wie Düsseldorf geboren wurde und Kind gewesen ist, den kann eigentlich gar nichts mehr erschüttern – meint man.

Als wir noch im Rheinland wohnten, gab es gleich in unserer Straße eine Bäckerei, zu der wir immer zum Brötchenholen gingen. Zur Karnevalszeit traten wir einmal dort ein und sahen vor uns einen erwachsenen Mann mit Vollbart – in einem rosaroten Baby-Doll-Kostüm mit rosafarbenem Rüschenschlüpfer und einer ebensolchen Babyhaube auf dem Kopf. Er kaufte Mutzenmandeln, auch Mutzen oder Muuzemändelscher genannt, das kleine Gebäck ist ja vor allem während der Karnevalszeit im ganzen Rheinland sehr beliebt. Bedient wurde das „Baby“ in der Bäckerei von einer Kuh, denn als solche hatte sich die Verkäuferin hinter der Theke verkleidet. Die beiden gingen völlig ungerührt miteinander um, als sei das das Normalste von der Welt: Keiner lachte oder kuckte komisch. Ich überlegte bei mir: Was würde wohl ein auswärtiger Besucher über uns denken, der diese Szene unvermutet beobachtete? Vielleicht hätte er so konsterniert geschaut wie wir beide auf dem Karnevalsbild. Meiner an sich fröhlichen und aufgeschlossenen Schwester wird nachgesagt, als Kind nicht nur muffelig gekuckt zu haben, wenn sie Himmel un Ääd hätte essen müssen, sondern grundsätzlich auf allen Kinderbildern.

Sabine Zitzmann-Starz und Verena Zitzmann, Düsseldorf

Strammer Max

Zutaten

(für 4 Personen)

4 große Scheiben Graubrot
Butter
12 Scheiben roher Schinken
Fett für die Pfanne
4–8 große Eier
Salz
Gürkchen

Zubereitung

Die Brotscheiben mit Butter bestreichen und jede auf einen Teller legen. Jede Scheibe überlappend mit jeweils 3 Schinkenscheiben bedecken.

Eine Pfanne bei hoher Temperatur erhitzen und das Fett darin zerlassen. Rasch die Eier hineinschlagen, je nach Appetit entweder 1 oder 2 Eier für jede Brotscheibe. Sobald das Eiweiß zu stocken beginnt, die Temperatur stark reduzieren und die Eier fertigbraten. Das Eiweiß mit wenig Salz bestreuen. Die Eiweißränder sollten knusprig braun, das Eiweiß fest und das Eigelb noch flüssig sein.

Die Eier auf die belegten Brotscheiben gleiten lassen und den Strammen Max mit Gürkchen servieren.

Onkel Hans und Tante Betty auf ihrem schweren Motorrad, mit dem sie das Rheinland erkundeten, wie hier am Deutschen Eck in Koblenz 1935 – das machte großen Eindruck auf die kleine Ruth.

Der flotte Onkel Hans „kocht" Strammen Max

Tante Betty in Düsseldorf und ihr Mann, Onkel Hans, waren allem Neuen aufgeschlossen und unternehmungslustig. Sie waren viel „auf Jück" (unterwegs), entweder in der Stadt oder auf Reisen mit ihrem Motorrad. Tante Betty in ihrer feuerroten Motorradkombi war ein echter Hingucker. Der Rheinländer Onkel Hans war immer zu allen Späßen bereit. Darum war ich als Kind in den 1930er-Jahren gerne und lange bei Tante Betty und Onkel Hans, denn es ging recht locker zu und es wurde viel gelacht.

Meine Eltern bekamen immer zu viel, wenn sie die Wohnung betraten, denn nach ihrem Geschmack war nicht aufgeräumt, es war nicht gespült und auch nichts für Besuch vorbereitet. Onkel Hans, die Frohnatur, überspielte das nonchalant und unterhielt die Gäste. Wer Hunger hatte, dem bereitete Onkel Hans schnell und mit viel „Jedöns" (Getue) seine Spezialität zu: Strammen Max. Die Küchenutensilien ließ er dann stehen und liegen, wo sie gerade waren. Irgendwelche Teller, alle unterschiedlich gemustert, waren dann doch noch sauber und davon wurde gegessen, wo man gerade so saß. Das hätte es bei uns zu Hause nie gegeben! Seine Schwägerin, meine Mutter, war empört und schimpfte während des ganzen Rückwegs: Das war doch kein „richtiges" Essen! Aber Onkel Hans konnte Strammen Max richtig gut und es schmeckte mir sehr lecker.

Ruth Wischnewski, Düsseldorf

Stütchen

Zutaten

(für 4 Personen)

250 ml Milch
500 g Mehl
50 g Zucker
1 Würfel frische Hefe (ca. 40 g)
1 Prise Salz
60 g weiche Butter zzgl. etwas flüssige Butter zum Bestreichen
2 Eier

Zubereitung

Die Milch leicht erwärmen. Das Mehl in eine große Schüssel sieben und in die Mitte eine Mulde hineindrücken. Die Hälfte des Zuckers und die zerbröckelte Hefe in die Mulde geben und mit der warmen Milch verrühren, etwas Mehl darüberstäuben. Die Schüssel mit dem Vorteig mit einem sauberen Küchentuch bedecken und den Teig an einem warmen Ort 30 Minuten gehen lassen.

Den übrigen Zucker sowie Salz, weiche Butter und Eier zugeben und alles zu einem homogenen Hefeteig rühren, der Blasen wirft und sich leicht vom Schüsselrand löst. Die Schüssel wieder mit dem Tuch bedecken und den Teig nochmals 30 Minuten gehen lassen. Den Backofen auf 220 °C vorheizen.

Den Teig mit den Händen durchkneten und Stütchen daraus formen. Diese auf ein mit Backpapier belegtes Blech geben und dort nochmals 15 Minuten gehen lassen. Die Oberfläche der Stütchen mit der flüssigen Butter bestreichen, damit sie schön glänzt und goldbraun wird. Auf der mittleren Schiene im Ofen ca. 45 Minuten backen. Bleibt an einem hineingesteckten Zahnstocher kein Teig mehr haften, sind die Stütchen gar.

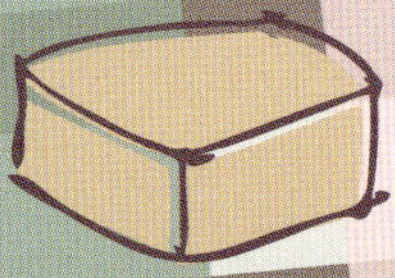

Stütchen für alle!

Als Kinder im Düsseldorf der 1960er-Jahre waren wir verrückt nach den verlockenden kleinen Stütchen vom Bäcker, außen glänzend und glatt, innen süßer, weißer, weicher Teig. Es gab sie nicht jeden Tag und ganz bestimmt nicht jedes Mal, wenn wir beim Bäcker vorbeikamen, da konnte man noch so verlangend die Nase an die Scheibe drücken. Wenn wir eines ergatterten, wurde es sofort, noch warm, aus der Hand gegessen. Das schmeckte fast noch besser als zu Hause dick mit Butter und selbst gemachter Marmelade bestrichen. Die Erwachsenen kombinierten ihre Stütchen auch gerne mit Schwarzbrot.

Manchmal hatte man Glück im Leben: Der Großvater eines Klassenkameraden hatte eine Bäckerei. Der Junge ging wohl schon sehr früh bei seinem Großvater in der Backstube vorbei, denn wenn er morgens in die Schule kam, brachte er Stütchen mit: nicht eines, nicht ein zweites oder drittes für seine besten Freunde in der Schule, sondern einen ganzen großen Korb voll für die ganze Klasse. Plötzlich gingen alle gerne zur Schule und freuten sich auf den Stütchen-Korb.

Sabine Zitzmann-Starz verbrachte die Kindheit in Düsseldorf

Der Teig für rheinische Stütchen kann zu Brötchen gebacken werden wie hier oder auch in einer Kastenform zu einem großen Stuten. Für ein Sonntagsstütchen werden dem Teig Rosinen oder Mandelstifte zugegeben.

scher Sauerbraten

Zutaten

800 g Rindfleisch
450 ml Weinessig
1 Speisezwiebel
2 Möhren
2 Lorbeerblätter
6 Pfefferkörner
4 Wacholderbeeren
Salz und frisch gemahlener schwarzer Pfeffer
Butterschmalz zum Braten
400 ml Fleischbrühe
2 mittelgroße Aachener Gewürzprinten oder Lebkuchen (ca. 50 g)
100 g Rosinen
1 EL Apfelkraut
Mehl zum Binden

Zubereitung

In einer größeren Schüssel das Rindfleisch mit dem Essig übergießen, es sollte knapp bedeckt sein. Eventuell mit etwas mehr Essig und Wasser auffüllen. Die Zwiebel schälen und fein hacken, die Möhren putzen und fein würfeln. Beides mit den Gewürzen zum Fleisch geben, die Schüssel abdecken und 2–3 Tage an einem kühlen Ort durchziehen lassen, dabei hin und wieder das Fleisch wenden.

In einer großen schweren Pfanne das Butterschmalz bei hoher Temperatur zerlassen. Das Fleisch aus der Schüssel nehmen und mit Küchenpapier trocken tupfen, anschließend im Schmalz von allen Seiten kräftig anbraten. Die Temperatur reduzieren und Fleischbrühe sowie reichlich von der Marinade angießen, eventuell etwas mehr Brühe verwenden. Das Fleisch sollte gut bedeckt sein. Mit aufgesetztem Deckel ca. 1 1/2 Stunden garen. Die Printen dazubröseln und alles aufkochen, dann das Fleisch aus dem Topf nehmen.

Die Sauce durch ein Sieb in einen Topf passieren und mit etwas Mehl binden. Die Rosinen und das Apfelkraut zugeben und die Sauce noch einmal erhitzen. Zu Sauerbraten und Sauce schmecken Spiralnudeln, mit einem Stich Butter verfeinert, oder Salzkartoffeln und Endiviensalat.

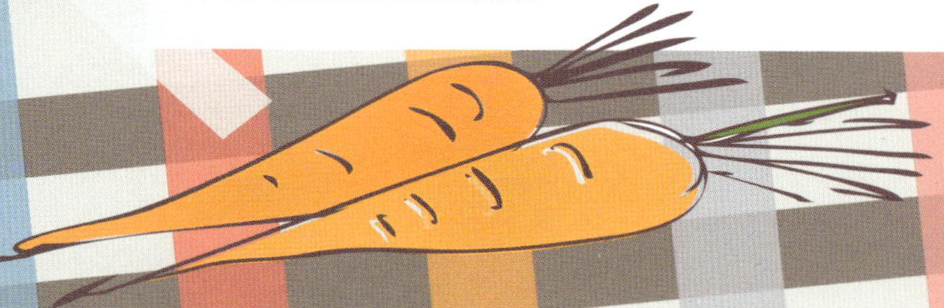

Susanne Pütz mit ihrem Opa Hein und ihrer Oma Anna, die unvergesslich leckeren rheinischen Sauerbraten zuzubereiten wusste.

Die Sauerbraten-Oma

Meine Großmütter befanden sich, ohne dass es ihnen selbst wahrscheinlich bewusst war, in den späten 1960er- und frühen 1970er-Jahren in einem kulinarischen Konkurrenzkampf um die Gunst der Familie, insbesondere der von uns Kindern.

Die eine, meine „Omama", stammte ursprünglich aus Schlesien und beherrschte die K.-u.-k.-Küche meisterhaft. Sie war meine Lieblingsoma, die mich mit Wiener Schnitzel, Szegediner Gulasch, Kaiserschmarrn, Salzburger Nockerln und Marillenknödeln verwöhnte. Die Rezepte entnahm sie einem handgeschriebenen Kochbuch, wie es damals so üblich war. Aber ihr sogenannter Sauerbraten, mit dem wusste ich nichts anzufangen. Hier schlug die Stunde von Oma Anna aus St. Augustin! Das fade Allerlei von „Omama" toppte sie mit ihrem rheinischen Sauerbraten, der mir bis heute in Erinnerung geblieben ist: Tief dunkel war das Fleisch, das stundenlang in einem riesigen schwarzen Kessel auf dem alten Kohleofen geschmort wurde und die Wohnküche mit unvergleichlich köstlichem süß-sauren Sauerbratenduft erfüllte. Die Sauce war würzig-süß und sämig, das Fleisch mürbe und zart, einfach ein Gedicht. Dazu wurden Salzkartoffeln (die Kartoffeln stammten aus dem eigenen Garten) und Endiviensalat, ertränkt in einer Zwiebel-Sahne-Sauce, gereicht.

Ich glaube, dass im Wesentlichen die Zubereitung im schwarzen Kessel zum Gelingen beigetragen hat. Meine „rheinische" Oma starb 1973, den schwarzen Kessel aber gibt es heute noch, er steht bei meiner Mutter, die damit durchaus erfolgreich in die „Sauerbraten-Fußstapfen" ihrer rheinischen Schwiegermutter treten konnte.

Susanne Pütz verbrachte ihre Kindheit in Bonn und lebte lange dort

Rievkooche

Zutaten

(für 4 Personen)

1 kg überwiegend festkochende Kartoffeln
1 Speisezwiebel
1 große oder 2 kleine Möhren
2 Eier
5 EL Mehl
Salz und frisch gemahlener schwarzer Pfeffer
reichlich Fett zum Braten

Zubereitung

Den Backofen auf 80 °C vorheizen. Das Reiben der Kartoffeln nimmt etwas Zeit in Anspruch, nicht zu spät mit der Zubereitung beginnen. Die Kartoffeln schälen und fein reiben, in eine Schüssel füllen. Die Kartoffelschnitze gut ausdrücken, die Flüssigkeit dabei in einer kleinen Schüssel auffangen und etwa 15 Minuten stehen lassen, damit sich die Stärke absetzen kann. Währenddessen die Zwiebel schälen und fein hacken, die Möhre putzen und ebenfalls fein reiben.

Das Kartoffelwasser abgießen, am Boden der Schüssel bleibt die weiße, cremige Stärke zurück. Kartoffeln, Zwiebel, Möhre, Eier, Mehl, Stärke, Salz und Pfeffer mit den Händen zu einem festen Pufferteig verkneten. In einer großen Pfanne mit hohem Rand reichlich Fett zunächst bei hoher, dann bei mittlerer Temperatur erhitzen, die Puffer sollen beinahe „schwimmen".

Puffer formen und nach und nach im heißen Fett auf jeder Seite etwa 3 Minuten knusprig braten, dabei leicht mit dem Pfannenwender andrücken. Die fertigen Puffer auf einen feuerfesten Teller legen und im Backofen bis zum Servieren warm halten. Dazu schmecken rheinisches Apfelkraut, Apfelmus oder Lachs.

„Rievkooche“ – eine rheinische Delikatesse, zu der traditionell Apfelmus oder Apfelkraut gereicht wird.

Rievkooche mit Jeföhl

Nachdem mein Opa Hein in St. Augustin 1973 Witwer geworden war, musste er sich selber versorgen. Leider konnte er wie viele Männer der Großeltern- und Elterngeneration überhaupt nicht kochen. Aber Opa Hein wusste sich selber zu helfen und darüber hinaus andere zu verblüffen.

In seiner Wohnküche stand wie in den meisten Wohnungen ein wuchtiger alter Ofen mit schweren eisernen Herdplatten, die mit einem Haken und viel Kraft hochgehoben werden konnten, als Dreh- und Angelpunkt des Alltags. Durch die Öffnungen wurden allmorgendlich Kohle und Holz mittels Zeitungspapier angezündet, dabei dürfte es beim Stochen wohl manchmal ordentlich gequalmt haben. Die Glut wärmte die Räume mit gemütlicher Wärme, hin und wieder musste – wieder wurde eine schwere Platte gehoben – Brennmaterial nachgelegt werden. Unten am Ofen waren Klappen zu öffnen, dadurch wurde bei Bedarf belüftet und Zug erzeugt oder die Asche entsorgt. Man kann sich vorstellen, dass das einiges Fingerspitzengefühl erfordert hatte, denn die Temperatur war ja nicht einfach wie bei einem modernen Herd auf eine bestimmte Gradzahl regulierbar. Die Herdplatten wiesen verständlicherweise auch so einige Gebrauchsspuren auf und hatten, nun ja, eine gewisse Patina.

Auf diesem Ofen nun bereitete Opa Hein seine Reibekuchen zu und das ist hier wortwörtlich so gemeint. Die schweren Platten wurden hingebungsvoll geschrubbt und geputzt, bis sie glänzten. Der alte Ofen wurde gestocht, bis er bollerte. Direkt auf den blanken Platten, ohne Pfanne, brutzelte der Opa nun mit einigen Tropfen Fett und viel Fingerspitzengefühl seine „Rievkooche“, deren Teig er mit etwas geriebener Möhre verfeinert hatte, auf den Punkt. Was soll ich sagen? Diese Reibekuchen waren nicht nur zart-knusprig, sondern schmeckten so aromatisch, wie rheinische „Rievkooche“ einfach schmecken müssen – lecker.

Susanne Pütz verbrachte ihre Kindheit in Bonn und lebte lange dort

Bollebäuskes

Zutaten

(für 25–30 Bollebäuskes)

- 3 Eier
- 150 g Zucker
- 1 Pck. Vanillezucker
- 400 g Mehl
- 1½ Pck. Backpulver
- 1–2 TL gemahlener Zimt
- 250–300 ml lauwarme Milch
- 150 g Rosinen
- Frittierfett
- Puderzucker zum Bestäuben

Zubereitung

Die Eier trennen und das Eiweiß steif schlagen. In einer Schüssel Eigelb, Zucker und Vanillezucker schaumig miteinander aufschlagen. Mehl und Backpulver darübersieben und mit der Eigelbmischung verrühren, am besten die Knethaken des Handrührgeräts verwenden. Zimt und Milch zugeben und nochmals rühren. Zuerst den Eischnee, dann die Rosinen mit einem Holzlöffel gleichmäßig unterheben.

Das Frittierfett auf 180 °C erhitzen. Mithilfe von zwei Esslöffeln kleine Teigmengen in das heiße Fett geben und die Bollebäuskes nacheinander knusprig ausbacken. Auf einem mit Küchenpapier bedeckten Kuchengitter abtropfen lassen. Vor dem Servieren dick mit Puderzucker bestäuben oder in reichlich Zucker wälzen. Zu den Bollebäuskes sollte eine gute Tasse Kaffee getrunken werden.

Bollebäuskes sind eine Art in Fett gebackener Krapfen, die im Rheinland oft, aber nicht nur, zur Karnevalszeit gegessen werden und am besten noch warm schmecken.

Nicht nur zur Karnevalszeit

Wenn „feiner“ Besuch kam, ging man in Gladbach, dann auch in Düsseldorf und anderen Städten im Rheinland selbstverständlich mit Kind und Kegel ins Café Heinemann – das war etwas Besonderes. Da kehrte später Prominenz aus Politik, Funk und Fernsehen ein und der Besuch staunte nicht schlecht über die Fotos mit den Autogrammen an der Wand.

Ein Metzgermeister hatte seinem Sohn in Gladbach 1932 die Konditorei gekauft, die bald durch feine Torten und handgemachte Pralinen auf sich aufmerksam machte. Der Besuch nahm seit den 1970er-Jahren, soweit ich mich erinnern kann, natürlich noch die berühmten Champagnertrüffel als Souvenir und zum Angeben mit nach Hause! Bei uns zu Hause gab es sonst hausgemachten Kuchen und Gebäck, vor allem viel Fettgebackenes, wie im Rheinland weit verbreitet. Das aßen wir Kinder genau genommen viel lieber, vor allem Bollebäuskes, im Rheinland ein beliebtes Karnevalsgebäck, das aber auch das ganze Jahr über gegessen wurde.

Lilo Weber, Düsseldorf

…dorfer Senfrostbraten

Zutaten

(für 4 Personen)

4 Rumpsteaks oder
4 Scheiben Roastbeef
3 Zwiebeln, fein gewürfelt
3–4 EL Mehl zzgl. etwas mehr zum Bestäuben
4 EL scharfer Düsseldorfer Senf zzgl. mehr für die Sauce
Öl zum Braten
Salz und frisch gemahlener schwarzer Pfeffer
4 EL Sahne
Brühe

Zubereitung

Die Steaks mit dem Fleischhammer bearbeiten, bis sie dünn und zart sind. In einer Schüssel Zwiebeln, Mehl und Senf zu einer sämig-festen Panade verarbeiten.

Die Steaks würzen, die Panade fest auf jeweils eine Steakseite drücken und mit Mehl bestäuben. In einer Pfanne das Öl auf mittlerer Temperatur erhitzen und die Steaks zuerst auf der panierten Seite, dann wenden und auf der anderen Seite jeweils etwa 4–6 Minuten braten.

Aus der Pfanne nehmen und warm halten. Für eine Sauce den Bratensatz mit mehr Senf, Sahne und bei Bedarf Brühe verrühren und erwärmen, abschmecken.

Immer flott unterwegs: die Damenriege der Familie Zitzmann auf der Königsallee in Düsseldorf während der Karnevalszeit.

Und zum Einkauf auf die Kö

Wenn es mit Mutter in Düsseldorf zum Einkaufen ging, war das ein Fest, zumindest für unsere Mutter. Denn dieses Fest wurde zu Fuß begangen – und die Kö mit der lieblich in der Mitte dahinfließenden Düssel wie auch die Schadowstraße sind ziemlich lang, zumal für Kinderfüße. Es kam mir immer so vor, als müssten mir bald die Füße abfallen, ich konnte kaum noch laufen. Denn wir kamen ja schon aus Derendorf und hatten den Weg durch den Hofgarten genommen. Dort gab es wenigstens eine kleine Verschnaufpause am Märchenbrunnen auf dem Ananasberg. Diesen Brunnen mit den drei Kinderfiguren, die Frösche im Teich betrachten, habe ich als Kind sehr geliebt.

Und weiter ging es mit Bergen von Einkaufstüten, unser Ziel war der „Goldene Ring", das Traditionslokal am Burgplatz. Da gab es auch in den 1970er-Jahren echte Brauhausküche zur Belohnung, am liebsten habe ich dort Düsseldorfer Senfrostbraten gegessen, das war immer eine ordentlich Portion und ich habe sie nach all der Anstrengung alleine bewältigt. Hausmacher-Sülze, beliebt in vielen rheinischen Lokalen, war nicht so nach Kindergeschmack.

Sabine Zitzmann-Starz verbrachte ihre Kindheit in Düsseldorf

ampfersuppe

Zutaten

(für 4 Personen)

300–400 g Sauerampfer
40 g Butter
40 g Mehl
1 l Gemüsebrühe
1 Eigelb
Salz und frisch gemahlener schwarzer Pfeffer
125 g saure Sahne

Zubereitung

Den Sauerampfer putzen und in einem Topf mit wenig Wasser erhitzen. Umrühren, bis die Blätter weich werden und zusammenfallen, dann sehr fein hacken.

In einem Topf bei mittlerer Temperatur die Butter zerlassen und unter Rühren das Mehl zugeben. Das Sauerampfermus und die Brühe zugeben. Bei geringer Temperatur etwa 10 Minuten kochen, dabei immer wieder umrühren, damit nichts anbrennt. Das Eigelb mit etwas Wasser verrühren und in die Suppe geben, dann die saure Sahne unterheben und mit Salz und Pfeffer abschmecken.

Kurz vor dem Servieren hart gekochte, klein geschnittene Eier oder geröstete Weißbrotwürfel daraufgeben.

Sauerampfer gibt es, wie so viele Gemüse und Kräuter, in rheinischen Gärten und auf rheinischen Wiesen. Früher wusste man schmackhafte Gerichte daraus zuzubereiten – und besinnt sich heute wieder darauf.

Aus der Natur in den Topf

Meine Mutter stammte ursprünglich aus dem Monschauer Land, einer armen Gegend, in der die Menschen noch aus „nichts" etwas Gutes zuzubereiten wussten. Und meine Mutter war eine sehr gute Köchin! In meiner Kinder- und Jugendzeit während und kurz nach dem Zweiten Weltkrieg in Inden (heute Inden-Altdorf), haben wir davon profitiert – sogar aus Brennnesseln konnte sie ein schmackhaftes Gemüse zubereiten.

Unser Garten war von Panzern durchpflügt, da gab es nichts zu ernten. So ging ich als Schülerin in die Natur und suchte Kettensträucher oder Sauerampfer. Der Eintopf daraus wurde noch zur Suppe verlängert. Mein Bruder war kein Freund dieser Suppe und aß lieber mehr vom Schwarzbrot mit Butter und Salz, das es zur Suppe gab. Bei uns gab es jeden Mittag eine Suppe, zum Beispiel Gemüsebrühe von Blumenkohl, Spinat, Kohlrabi oder eben Sauerampfer, wenn vorhanden. Man konnte die „Nährstoffe" doch nicht einfach wegwerfen oder wegschütten!

Gertrud aus Kirchberg

Frikadellen

Zutaten

2 altbackene Brötchen
200–300 ml lauwarme Milch
1 Speisezwiebel, fein gewürfelt
1 Schuss Öl
500 g Hackfleisch halb und halb
2 EL krause Petersilie, fein gehackt
1 EL Senf
Salz und frisch gemahlener schwarzer Pfeffer
2 TL gerebelter Majoran
1 Ei
Paniermehl
Fett zum Braten

Zubereitung

Den Backofen auf 180 °C vorheizen. Die Brötchen in kleine Würfel schneiden und in eine Schüssel legen. Mit der Milch übergießen und 10 Minuten einweichen lassen. In einem kleinen Topf das Öl bei mittlerer Temperatur erwärmen und die Zwiebel darin glasig werden lassen.

Die Brötchen gut ausdrücken. Die Flüssigkeit abgießen und die Brötchenmasse in der Schüssel mit der Zwiebel, dem Hackfleisch und den übrigen Zutaten mit den Händen gut vermengen. Eventuell etwas Paniermehl zugeben, falls die Masse zu feucht ist und sich nicht formen lässt.

Aus dem Teig mit feuchten Händen Frikadellen formen. In einer schweren Pfanne bei hoher Temperatur das Fett erhitzen und die Frikadellen darin von jeder Seite ca. 2 Minuten kräftig anbraten. Die Frikadellen dann auf ein mit Backpapier bedecktes Blech legen und im Backofen in 25–30 Minuten fertig garen. Dazu gehört ein rheinischer Kartoffelsalat.

Die leckeren, mit viel Liebe zubereiteten Frikadellen brachten für die Familie von Susan Lusk die Kindertage in der Kölner Heimat zurück und schmeckten dem kecken Nesthäkchen Susan besonders gut.

Ein Stück Rheinland in der Fremde

Jeden Sonntag traf sich in meiner Kindheit meines Vaters Familie – vier Brüder, eine Schwester und deren Familien – bei meiner Großmutter (in der Bronx). Meine Großmutter stammte ursprünglich aus Lodz/Polen und kam um 1900 nach Deutschland. Ihre Kinder, also mein Vater und seine Geschwister, wurden alle in Köln geboren, wo die Familie in der Engelbertstraße wohnte, bevor sie vor Beginn des Zweiten Weltkriegs nach New York zog. Nicht zuletzt wegen Großmutters guter Küche hat mein Vater dort sicherlich eine glückliche Kindheit verlebt. Großmutter sprach kaum Englisch und so wurde bei ihr die ganze Zeit über Deutsch gesprochen, während wir am Abendessentisch saßen.

Das Haus roch so, wie ich mir als Kind vorstellte, dass „Europa" roch: fleischige, süß-saure Aromen vermischten sich mit denen von Röstzwiebeln in großen schwarzen Töpfen. Es gab immer Mengen an FLEISCH und dicke, fette Würste, serviert mit gebutterten, stärkehaltigen Dingen als Beilage, so erinnere ich mich. Mein Leibgericht waren Großmutters Frikadellen, mit Ei und gehackten Zwiebeln. Musste Großmutter das Hackfleisch strecken – wenn mehr Personen zum Essen da waren – tat sie dies mit Schwarzbrot, wenn sie welches bekam. Niemals konnte ich es erwarten, sonntags in diese Frikadelle zu beißen. Im Rückblick denke ich, Großmutter buk all ihre großmütterliche Fürsorge mit in diese kleinen „Liebes-Bälle" für ihre Familie.

Susan Lusk, New York

Milchreis mit Zimtzucker

Zutaten

(für 4 Personen)

1 l Milch
120 g Zucker
1 Prise Salz
1/2 Vanilleschote
250 g Milchreis
reichlich Zimtzucker

Zubereitung

In einem mittelgroßen Topf die Milch mit dem Zucker, dem Salz und der Vanilleschote aufkochen. Den Milchreis zugeben und bei zunächst reduzierter Temperatur, nach etwa 10 Minuten bei ausgeschaltetem Herd quellen lassen.

Die Vanilleschote entfernen.

Den Milchreis in tiefe Tellerchen oder Schalen füllen und noch warm mit reichlich Zimtzucker dick bestreuen – der Zucker karamellisiert leicht auf der Oberfläche und die Zimtzuckerschicht wird dadurch knusprig.

Milchreis wie aus Kindertagen: noch warm mit reichlich Zimtzucker bestreut – unten drunter nicht zu trocken, oben drauf knusprig-süß, mmmh!

Die Familienrekordhalterin

Früher wurde großen Wert auf gute Zutaten gelegt. „Gute“ Butter zu verwenden war wichtig und das schmeckte man auch. Der Gulasch ist unvergessen, ebenso Hefeklöße. Die konnten zu herzhaften Fleischgerichten mit Sauce gegessen werden, der Favorit von uns Kindern – ich habe noch zwei Schwestern – war: Hefeklöße in Scheiben geschnitten, abends in der Pfanne in brauner Butter angebraten und mit Zimtzucker bestreut. Dabei halte ich bis heute den Familienrekord: An einem Abend habe ich sieben Hefeklöße gegessen. Bei einem anderen Leibgericht, Spaghetti bolognese, habe ich es einmal auf sage und schreibe sechs Teller gebracht.

Die Oma verstand es, ihre Lieben satt zu bekommen und kredenzte zu besonderen Anlässen eine Bergische Kaffeetafel mit allem Drum und Dran wie zum Beispiel Waffeln, Stuten, Schwarzbrot, Schinken und Wurst, Käse, Kompott, Apfelkraut und vor allem leckerem Milchreis mit Zimtzucker. Den gab es alltags bei uns zu Hause sogar als Mittagessen, natürlich auch nicht zu knapp bemessen. Das ist ein Gericht, das ich mit unserer Kindheit im Köln der 1970er- und 1980er-Jahre verbinde.

Bettina Schwarz, Köln

Himmel un Ääd

Zutaten

(für 6 Personen)

1 kg mehligkochende Kartoffeln
1/4 l Milch
100 g Butter
Muskatnuss
Salz
6 Äpfel (z. B. Boskop)
4 EL Zucker
1 Zitrone
1 kg Blutwurst (Flönz)
250 g Zwiebeln
Mehl

Zubereitung

Kartoffelpüree: Kartoffeln waschen, schälen, würfeln, in Salzwasser garen, abtropfen lassen, zerstampfen, Milch erhitzen und mit der Butter unterrühren, mit Muskatnuss und Salz abschmecken, warm stellen.

Apfelmus: Die Äpfel schälen, achteln, Kerngehäuse entfernen, grob würfeln, mit dem Zucker zu Mus kochen und mit dem Kartoffelpüree vermischen.

Dazu: Blutwurst häuten, in dicke Scheiben zerteilen, Zwiebeln schälen, in Ringe schneiden. Blutwurstscheiben und Zwiebelringe in etwas Mehl wenden.

Butter in einer Pfanne leicht erhitzen, Blutwurstscheiben und Zwiebelringe darin knusprig braten.

Püree auf Teller verteilen, mit den Blutwurstscheiben und Zwiebelringen servieren.

Das Rezept stammt vom Wissenschaftsjournalisten Jean Pütz

Der Klassiker Himmel un Ääd. Fein gewürfelt wird die Blutwurst in Köln übrigens als „Kölsch Kaviar" serviert.

Waschtag

Als ich klein war, das war in den 1920er-Jahren, kam alle vier Wochen eine Waschfrau zum Waschen zu uns ins Haus. Sie hatte rote Haare und wurde von uns Kindern liebevoll „Tante Anna" genannt. Am Waschtag durfte Tante Anna sich wünschen, was gekocht werden sollte. Über viele Jahre wünschte Tante Anna sich immer das gleiche Gericht: Es hieß „Himmel und Erde" oder bei uns im Rheinland „Himmel un Ääd". Die Äpfel darin standen für den Himmel und die Kartoffeln für die Erde. Beides wurde getrennt gekocht und Tante Anna mischte es wie es sich gehörte auf dem Teller untereinander. Dazu gab es, wie es Tradition war, gebratene Blutwurst.

Wir Kinder mochten dieses Essen nicht gerne und aßen Kartoffeln und Apfelmus getrennt, was nicht auf Tante Annas Verständnis traf. Jedes Mal hofften wir, dass Tante Anna sich irgendwann einmal etwas anderes wünschen würde, aber das ging nie in Erfüllung. Das Gericht „Himmel un Ääd" verbinde ich heute noch mit Tante Anna.

Marianne Nolte, Düsseldorf

Streuselkuchen

Zutaten

(für 1 Blech)

Für den Teig
600 g Mehl
1 Würfel frische Hefe
300 ml Milch
100 g Butter
150 g Zucker
1 Vanilleschote
1 Eigelb
1 Prise Salz

Für die Streusel
400 g Mehl
200 g feiner brauner Zucker
1 Vanilleschote
1 TL Zimt
200 g Butter

Zubereitung

Das Mehl in eine große Schüssel sieben, eine Mulde hineindrücken und die Hefe hineinbröseln. In einem kleinen Topf die Milch bei mittlerer Temperatur erwärmen. Die warme Milch über die Hefe gießen und mit einem Teil des Mehls zu einem Vorteig verrühren. Mit etwas Mehl bestäuben und mit einem sauberen Küchentuch abgedeckt an einem warmen Ort 20 Minuten gehen lassen.

In einem kleinen Topf die Butter zerlassen und mit Zucker, ausgekratztem Vanillemark, Eigelb und Salz zum Vorteig geben. Wieder verrühren, der Teig sollte Blasen werfen und sich leicht vom Schüsselrand lösen. Mit den Händen weiterkneten und schlagen, damit der Teig feinporig wird. Nochmals abgedeckt etwa 1 Stunde gehen lassen. Den Backofen auf 200 °C vorheizen.

Den Teig nochmals kurz durchkneten und dann auf einem mit Backpapier belegten Backblech ausrollen. Den Teig noch einmal 15 Minuten gehen lassen. Währenddessen die Streusel zubereiten. Das Mehl in eine Schüssel sieben und Zucker, ausgekratztes Vanillemark und Zimt gut unterrühren. Die nicht zu kühle Butter hacken, zugeben und alles mit den Händen rasch zu Streuseln reiben. Auf dem Kuchenteig verteilen und den Kuchen etwa 20 Minuten goldbraun backen.

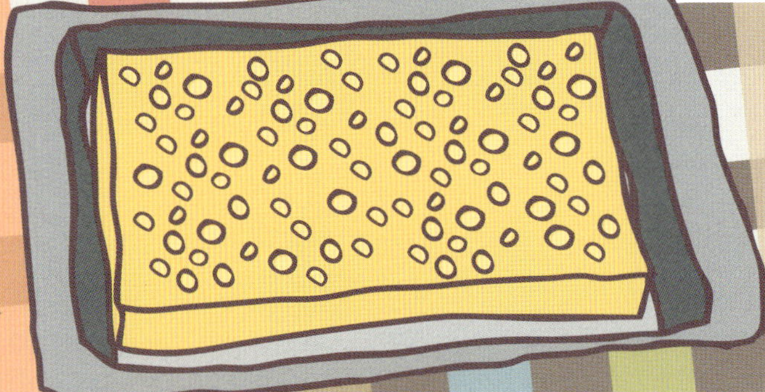

Blieb für Marianne Nolte ein Leben lang mit der Erinnerung an ihre Erstkommunion verbunden: der Streuselkuchen.

Erstkommunion mit Streuselkuchen

Zur Zeit meiner Erstkommunion, 1934, hatten viele Familien noch kein Wohnzimmer. Da wurde das Schlafzimmer ausgeräumt und mit Tisch und Stühlen ausgestattet, damit man mit der Familie und Freunden feiern konnte. Für den Weißen Sonntag, an dem meine Erstkommunion stattfinden sollte, wurde bei uns reichlich gebacken, unter anderem auch Streuselkuchen.

Die fertigen Kuchen wurden im Schlafzimmer abgestellt. Ich, das Erstkommunionkind, konnte mit meinen acht Jahren nicht der Versuchung widerstehen, heimlich vom Zuckerstreusel zu naschen. Aber dann kam das schlechte Gewissen: Du hast jetzt eine Sünde begangen. Es war der Samstag vor dem Weißen Sonntag, schnell machte ich mich auf zur nahe gelegenen Kirche. Einem Priester, der noch im Beichtstuhl saß, erzählte ich: Meine Freundin hätte genascht und sei zu bange, es zu beichten. Der Priester sagte, der liebe Gott würde das schon verzeihen. „Aber“, sagte er, „hast du nicht auch noch etwas, was dich bedrückt?“ Da sagte ich, ich habe einmal gelogen.

Der Priester versicherte mir, der liebe Gott würde auch das verzeihen. Ich war glücklich und konnte mit frohem Herzen Weißen Sonntag feiern.

Marianne Nolte, Düsseldorf

Graupensuppe

Zutaten

(für 4 Personen)

300 g durchwachsener Speck oder Kassler (Nacken)
300 g große Graupen
500 g Suppengrün
Backpflaumen nach Belieben
Salz und frisch gemahlener schwarzer Pfeffer
gemahlener Piment
gemahlener Lorbeer

Zubereitung

In einem großen Topf Salzwasser zum Kochen bringen. Währenddessen den Speck in feine Würfel schneiden. Den Speck ins Wasser geben und 15 Minuten kochen, dann die Graupen zugeben und 30 Minuten kochen.

Währenddessen Suppengrün putzen und in Stücke schneiden. Mit den grob gehackten Backpflaumen zu den Graupen geben und 10 Minuten garen. Mit den Gewürzen abschmecken, dazu schmeckt Schwarzbrot.

Regina Gräßle brachten die lustigen Wortschöpfungen ihres Vaters als kleines Mädchen auf interessante Gedanken.

Kälberzahnsuppe

Mein Vater sagte zu Graupen immer „Kälberzähne", weil sie seiner Meinung nach so groß wie Zähne aussähen – so kam es ihm jedenfalls vor. Also, wenn es bei uns Graupensuppe („Kälberzahnsuppe") gab, wollte ich immer gleich zwei Portionen haben. Ich war damals, um 1967, gerade erst in die Schule gekommen und dachte, wenn ich viel davon esse, bekomme ich auch so schöne weiße Zähne wie ein Kalb. Ich esse sie heute noch gerne, gekocht von meiner Mutter. Jedes Mal, wenn wir zusammensitzen und einen Teller Graupensuppe essen, denken wir dabei lachend an die Idee von den „Kälberzähnen" meines Vaters.

Regina Gräßle, Düsseldorf

Kohlrouladen (Wirsingrouladen)

Zutaten

(für 4 Personen)

1 Wirsing oder Weißkohl
Salz und frisch gemahlener schwarzer Pfeffer
1 altbackenes Brötchen
150 ml Milch
600 g gemischtes Hackfleisch
1 Ei
1 Zwiebel, fein gewürfelt
Majoran nach Belieben
scharfer Senf nach Belieben
Pflanzenöl zum Braten
100 g Speck, gewürfelt
500 ml Fleischbrühe
2 EL Mehl

Zubereitung

Vom Kohl acht Blätter abtrennen, den Strunk entfernen und in kochendem Salzwasser ganz kurz blanchieren. Mit dem Schaumlöffel herausheben und auf Küchenpapier abtropfen lassen, gegebenenfalls etwas abtupfen.

Das Brötchen in Würfel schneiden und in einer Schüssel in Milch einweichen, das dauert etwa 10 Minuten. Ausdrücken, dann mit Hackfleisch, Ei, Zwiebel, Majoran, Senf, Salz und Pfeffer gut vermengen. Die Kohlblätter damit füllen, aufrollen und mit Küchengarn zusammenbinden.

In einer schweren Pfanne bei höherer Temperatur die Rouladen in etwas Pflanzenöl von allen Seiten kräftig anbraten und dabei eine schöne goldbraune Farbe nehmen lassen. Die Speckwürfel zugeben und die Brühe angießen. Den Deckel aufsetzen und die Rouladen bei reduzierter Temperatur 30 Minuten garen. Währenddessen das Mehl in etwas Wasser anrühren. Die Rouladen aus der Pfanne nehmen und die Bratensauce mit dem Mehl binden, noch etwas einkochen lassen.

Kohl für die Rouladen gedeiht auf den „Kappesfeldern" des Rheinlands reichlich.

Auch Zwergpudel Anki liebte Kohlrouladen

Wenn es bei uns zu Hause vor ungefähr 40 Jahren Kohlrouladen gab, waren alle aus dem Häuschen und konnten es kaum erwarten, zu Tisch gerufen zu werden – so schrecklich gerne aßen vor allem wir Kinder sie. Damals wurden sie bei uns im Backofen zubereitet. Alle warteten ungeduldig, bis nach eineinhalb oder gar zwei Stunden die Kohlrouladen im Backofen fertig waren. Immer wieder schauten wir durchs Backofenfenster, ob denn nicht schon vielleicht … nein, immer noch nicht … immer hieß es: warten und weiter Geduld haben.

Auch unser Zwergpudel Anki saß voller Erwartung die ganze Zeit mit glänzenden Augen vor dem Backofen und leckte sich das Maul, bis sie endlich eine Kohlroulade abbekam. Wer hätte das besser verstanden als wir Kinder! Schließlich konnten wir auch nicht genug davon bekommen.

Regina Gräßle, Düsseldorf

Fleischwurst im Ring

Zutaten

(für 4 Personen)

1–2 große Ringe Fleischwurst mit Knoblauch vom Metzger
(je nach Größe von Wurst und Hunger)
scharfer Düsseldorfer Senf
frisches Brot oder frische Brötchen
Butter
Gewürzgurken oder andere Beilagen nach Wahl

Zubereitung

In einem großen Topf Wasser erhitzen und die Fleischwurst hineingeben. Mit Fingerspitzengefühl heiß machen – sie sollte auch innen schön heiß sein, aber nicht zu lange im Wasser bleiben und dabei weich und wabbelig werden.

Für jeden ein großes Stück abschneiden – nicht in Scheiben schneiden! Kräftiges Brot in dicke Scheiben schneiden oder alternativ Brötchen dazureichen. Mit guter Butter bestrichen und selbst eingelegten Gurken dazu ist das ein leckeres Samstagsgericht.

Toben, Sport und Spiel an frischer Luft machen Kinder glücklich und hungrig. Norbert (rechts) freute sich immer auf den Fleischwurstring am Samstag.

Eine Köstlichkeit für Kinder

In meiner Familie war es Tradition, jeden Samstag zum normalen Abendbrot eine heißgebrühte Knoblauch-Fleischwurst im Ring zu essen. Diese Ringwurst wurde Mitte der 1950er-Jahre beim heimischen Metzger gekauft. Es gab ja noch keine Supermärkte und die vom Metzger frisch gemachte Wurst schmeckte so lecker – eine solche Wurst muss man heute erst einmal finden. Wir Kinder – ich bin Jahrgang 1950 – freuten uns nach unserem Spiel im Freien besonders über diese köstliche warme Zugabe zum Abendbrot. Meine Eltern waren froh, uns, die von frischer Luft und lustigem Spiel ausgehungerten Kinder, so einfach satt und zufrieden zu machen.

Norbert aus Düsseldorf

Rheinisches Apfelmus

Zutaten

(für 4 Personen)

1 kg säuerliche Äpfel
Zitronensaft zum Beträufeln
100 g Zucker
2 Zimtstangen

Zubereitung

Die Äpfel schälen, vierteln, von den Kerngehäusen befreien und in grobe Stücke schneiden. Mit Zitronensaft beträufeln, damit sie nicht braun werden.

In einem Topf etwa zwei Finger breit Wasser bei hoher Temperatur zum Kochen bringen und die Apfelstücke zugeben. Einige Minuten kochen lassen, dann die Temperatur etwas reduzieren, Zucker und Zimt zugeben und die Apfelstücke weich garen.

Die Zimtstangen entfernen und die Apfelstücke mit dem Kartoffelstampfer etwas zerdrücken, es sollte aber kein feines Mus entstehen, kleine Apfelstücke sollten noch erkennbar sein. In eine Schüssel füllen, etwas abkühlen lassen und zu Rievkooche, Himmel un Ääd, Braten oder als Dessert servieren.

Als wenn sie kein Wässerchen trüben könnten: Regina Rayak und ihre Brüder liebten gesundes Obst, mundgerecht von der Mutter zubereitet.

Vorsicht Naschkatzen!

Bei uns gab es in der Winterzeit oftmals samstags Reibekuchen mit frisch gekochtem Apfelmus. Wir Kinder liebten es, nach dem Schlittenfahren oder Spielen im Freien heimzukommen und unseren Hunger mit dieser krossen Köstlichkeit zu stillen.

Besonders liebten wir dabei das frisch zubereitete Apfelmus – das war das Größte für mich, Jahrgang 1962, süße Früchte als „richtiges Essen"! Meine Mutter vermied es bei der Zubereitung immer, die Äpfel zu schälen, wenn wir anwesend waren, denn dann kam sie aus dem Schälen gar nicht mehr heraus – von allen Seiten stibitzten wir ihr die Apfelspalten, die doch für das Apfelmus bestimmt waren: Sie schälte und schälte, wir aßen die Apfelschnitze … Umso schöner die Überraschung, wenn wir dann zum Essen hereingerufen wurden und die Schüssel mit Apfelmus auf dem Tisch stand.

Regina Rayak, Kaarst, geboren und aufgewachsen in Meerbusch

Martinsgans

Zutaten

(für 4 Personen)

1 Gans, entnommen, die Leber gehackt
Salz und frisch gemahlener schwarzer Pfeffer
50 g Butter
150 g Speck, gewürfelt
4 Speisezwiebeln, gewürfelt
½ Bund krause Petersilie, die Blätter gehackt
300 g Trockenpflaumen, gehackt
Je 1 EL getrockneter Thymian, Majoran, Rosmarin
1 kleine Sellerieknolle, in große Stücke geschnitten
1 große Möhre, in grobe Stücke geschnitten
600 ml Hühnerbrühe
2 Printen oder Lebkuchen, zerbröselt
1–2 EL Rübenkraut

Zubereitung

Den Backofen auf 220 °C vorheizen. Die Gans unter fließendem Wasser abwaschen und trocken tupfen, mit Salz und Pfeffer einreiben.

In einer Pfanne die Butter zerlassen und den Speck darin glasig werden lassen. Zunächst die Zwiebelwürfel, dann die Petersilie und zum Schluss das Obst und die Leber zugeben. Umrühren und die Füllung mit den Kräutern sowie Salz und Pfeffer abschmecken.

Die Gans füllen und gut mit Rouladennadeln schließen. Die Gans in eine feuerfeste Form legen. Das Gemüse um die Gans häufeln, die Haut mehrfach einstechen, damit beim Braten das Fett austreten kann. 300 ml Gemüsebrühe angießen und die Gans auf der mittleren Schiene in den Ofen schieben.

Die Gans im Ofen braten, das dauert etwa 2,5–3 Stunden. Dabei immer wieder mit der Bratflüssigkeit übergießen, damit das Fleisch nicht zu trocken wird. Etwa 30 Minuten vor Ende der Garzeit die Temperatur erhöhen. Die Gans nun auf einen Rost legen und nochmals in den Ofen schieben, eine Fettpfanne unterstellen.

Von der Bratenflüssigkeit das Fett entfernen, 300 ml Gemüsebrühe zugeben, mit den Printen aufkochen. Mit Gewürzen und Rübenkraut abschmecken.

Regina Rayak, hier mit einer Spielgefährtin, pflegt die schöne Familientradition des Gänseessens aus ihren Kindertagen und versammelt heute die eigene Familie um den Tisch.

Eine schöne Tradition bis heute

Zu St. Martin gab es bei uns zu Hause schon zu Kindertagen in den 1960er-Jahren traditionell immer eine gefüllte Martinsgans. Wir Kinder standen in der Küche und schauten unserer Mutter zu, wie die Gans aufwendig gefüllt und anschließend zugenäht oder -gesteckt wurde. Das Braten dauerte ja eine ganze Weile und wir Kinder konnten es kaum erwarten, die Gans zusammen mit Rotkohl und Klößen zu verzehren – ein wahres Festessen.

Ich habe mich immer so darauf gefreut, dass ich diese schöne Tradition auch in meine Familie übernommen habe. So gibt es auch bei uns „unvermeidbar" jedes Jahr eine Martinsgans für alle Familienmitglieder und das Gänseessen ist somit ein festgeschriebener Termin in unserem Familienkalender.

Regina Rayak, Kaarst, geboren und aufgewachsen in Meerbusch

Butterbrot mit Leberwurst

Zutaten

(für 4 Personen)

4 Scheiben frisches dunkles Brot, nicht zu dünn geschnitten
Butter nach Belieben
4 dicke Scheiben grobe Leberwurst vom Fleischer
scharfer Düsseldorfer Senf
1 Speisezwiebel
Gürkchen

Zubereitung

Die Brotscheiben kurz vor dem Servieren nach Belieben – dünn oder dick – mit Butter bestreichen, wer mag, kann die Butter auch weglassen. Die Brotscheiben dick mit Leberwurst bestreichen.

Die Speisezwiebel schälen und in dünne Ringe schneiden, diese auf die Brote verteilen oder dazureichen, damit jeder selber wählen kann. Unbedingt dazu gehört scharfer Düsseldorfer Senf, in Tupfen auf die Wurst gesetzt, dünn darauf gestrichen oder ebenfalls separat dazugereicht.

Mit kleinen Gürkchen servieren, dazu schmeckt ein Altbier.

Die kleine Ruth, hier mit ihren Eltern Friedchen und Emil, bewunderte ihre fidele Tante Betty.

Mit Tante Betty im „Uerigen"

Meine Tante Bertha war Düsseldorferin durch und durch und in den 1930er-Jahren ein flotter Feger. Sie machte sich gerne schick und genoss das Ausgehen und Feiern. Ihren biederen, sehr wortkargen Bruder, meinen Vater, brachte sie nicht nur mit ihrem Lebensstil in Rage, sondern ließ seinen Blutdruck gefährlich ansteigen, indem sie verkündete: „Isch nenne misch jetzt Betty!" Was ja auch wirklich flotter klang.

Seit ich ein kleines Mädchen von etwa zehn Jahren war, habe ich viel Zeit bei Tante Betty verbracht, denn meine Mutter musste ihre acht Geschwister großziehen und in der väterlichen Schuhmacherwerkstatt aushelfen; meine Oma war jung gestorben. Ich ließ mich nur zu gerne zu Tante Betty schicken: Tante Betty hatte keine Kinder, da war immer was los, man durfte alles, wurde verwöhnt und überall hin mitgenommen. Egal wo man hinkam, die Tante stand sofort im Mittelpunkt, darauf war ich stolz, das war so ganz anders als zu Hause! Ohne zu überlegen, ob das gut für ein kleines Mädchen war oder nicht, nahm mich Tante Betty auch gerne mit in die traditionsreiche Düsseldorfer Altbierkneipe, den „Uerigen" („uerige" = schlecht gelaunt, nach einem ebensolchen Wirt im 19. Jahrhundert), ihr Lieblingslokal in der Düsseldorfer Altstadt an der Berger Straße. Um mich wurde dabei nicht viel Federlesens gemacht, ich bekam ungefragt ein „Botteramm met Lewwerwohsch", ein Butterbrot mit Leberwurst. Der scharfe Senf darauf trieb einem die Tränen in die Augen, aber ein leckereres Leberwurstbrot habe ich nie wieder gegessen. In ihren „Uerigen" ließ sich Tante Betty noch bringen, als sie nicht weit davon ihre letzten Lebensjahre im Seniorenheim zubrachte.

Ruth Wischnewski, Düsseldorf

Soleier

Zutaten

(für 4 Personen)

10 weiße Eier
1 TL Zucker
50 g Salz
1 gehäufter TL Kümmel
2 Lorbeerblätter
2 TL schwarze Pfefferkörner
4 Pimentkörner
braune Zwiebelschale zum Färben
Öl
Essig
Senf
Salz und frisch gemahlener schwarzer Pfeffer

Zubereitung

Die Eier einpieksen, damit sie nicht platzen und hart kochen. Unter kaltem Wasser abschrecken und die Schalen rundherum anschlagen. In ein großes oder zwei mittelgroße Weckgläser legen.

Die Gewürze und die Zwiebelschalen mit gut 1 Liter Wasser aufkochen und die Eier mit der Lake samt Gewürzen übergießen. Vor dem Verzehr mindestens 1 Woche ziehen lassen. Zum Verzehr Öl, Essig, Senf, Salz und Pfeffer reichen.

Jugendliche in den 1960er- und 1970er-Jahren tranken beim Picknick gern Mutters selbst gemachten Eierlikör.

Freizeitspaß am Wasser

Auf der Straße hatte man damals noch genug Platz zum Spielen – wir wussten uns in den 1950er- und 1960er-Jahren ganz einfach mit gemalten Hüpfkästen, Ballspielen an der Litfaßsäule oder einfach Fußball zu beschäftigen. Für ein paar Groschen Taschengeld war man Ballmädchen oder -junge beim Tennis oder man stellte Kegel auf der Kegelbahn auf. Am Wochenende fuhr unsere ganze Familie zum „Römerbad“, das war ein See zwischen Düsseldorf und Krefeld. Mit Kartoffelsalat, Würstchen und Soleiern bewaffnet, machten wir es uns auf einer großen Decke bequem und hatten dabei viel Spaß. Im Alter von vier Jahren habe ich dort sogar schwimmen gelernt. Als Zeitvertreib haben einige auch in der Düssel schwimmen gelernt oder fingen in einem Glas Stachelditzgen, die kleinen Düsselfische, die mit Wasserflöhen gefüttert wurden.

Etwas später, als Jugendliche, tranken wir am Rhein oder an der Düssel ein Gläschen Eierlikör, von Axels Mutter selbst gemacht. Sie hatte dazu extra eine Bescheinigung von der Stadt, um 100 %-igen Weingeist in der Apotheke zu erhalten.

Ingrid Buschmann verbrachte die Kindheit in Düsseldorf und lebt heute in Meerbusch

Speckpfannkuchen

Zutaten

(für 4 Personen)

400 g Mehl
400 ml Milch
4 Eier
frisch geriebene Muskatnuss
400 g durchwachsener Speck
Salz und frisch gemahlener schwarzer Pfeffer
Fett zum Backen

Zubereitung

In einer Schüssel das Mehl und die Milch zu einem geschmeidigen Teig verrühren. Die Eier nach und nach zugeben und unterrühren. Den Teig mit Muskat, Salz und Pfeffer kräftig würzen.

Den Speck in hauchdünne Scheiben schneiden und eine mittelgroße leicht gefettete Pfanne mit einem Viertel davon auslegen. Den Speck auslassen und dann mit einem Viertel des Teigs bedecken. Stocken und goldbraun werden lassen, dann den Pfannkuchen wenden. Mit dem übrigen Speck und Teig ebenso verfahren. Die Pfannkuchen noch warm mit einem grünen Salat aus dem Garten servieren.

Im Rheinland nicht nur in der Nachkriegszeit eine ebenso günstige wie bei Groß und Klein beliebte und sättigende Mahlzeit: der Speckpfannkuchen.

Was für ein leckerer Mond!

Für die Kinderseite „Traritrara" der Düsseldorfer Nachrichten habe ich als Kind im Düsseldorf der 1950er- und 1960er-Jahre Geschichten erfunden. Eine davon ging so: „Die Leute von Dummerhausen hatten große Angst, als eines Nachts der Mond verschwunden war (es handelte sich um eine Mondfinsternis). Und so backten sie einen großen Pfannkuchen, hängten ihn an einem Baum auf und waren wieder froh. Am nächsten Tag war der echte Mond wieder da. Jetzt waren die Vögel froh über die leckere Mahlzeit." Über die tollen Preise für meine Geschichten habe ich mich als Achtjährige sehr gefreut. Wir hatten trotz der Nachkriegszeit eine schöne Kindheit und Jugend, über die es sicher noch viele Geschichten zu erzählen gäbe. Speckpfannkuchen haben wir übrigens tatsächlich gerne gegessen.

Ingrid Buschmann verbrachte die Kindheit in Düsseldorf und lebt heute in Meerbusch

Buttermilchsbunnezupp

Zutaten

(für 4 Personen)

500 g frische grüne Stangenbohnen (am besten aus dem eigenen Garten)
500 g Kartoffeln
1 l Buttermilch
200 g Sahne
Salz und frisch gemahlener schwarzer Pfeffer

Zubereitung

Die Bohnen waschen und putzen. Schräg in Stücke schneiden und in kochendem Salzwasser etwa 15 Minuten bissfest garen. Abgießen und beiseitestellen. Während des Kochens die Kartoffeln schälen und ebenfalls etwa 20 Minuten garen. Die gegarten Kartoffeln zu Püree stampfen und nach und nach mit der Buttermilch verrühren – es sollte eine cremige Suppe entstehen. Die Sahne zufügen und kräftig abschmecken. Das Ganze sanft erhitzen.

Unter ständigem kräftigen Rühren, damit nichts anbrennt, die grünen Bohnen zufügen. Etwa 15 Minuten auf diese Weise durchziehen lassen, denn wenn die Suppe gut durchgezogen ist, schmeckt sie am besten. Zum Aufpeppen kann man fein gewürfelte rohe Zwiebeln hinzufügen.

Die kleine Petra Schlösser mit ihrer geliebten Oma, deren leckere Gerichte für ein Gefühl von Geborgenheit sorgten.

Heimelige Geborgenheit

Diese rheinische Spezialität aus dem Kölner Raum erinnert mich noch heute an früher. Wenn ich sie mir im Hochsommer koche, fühle ich mich wieder in meine Kindheit in den 1970er-Jahren zurückversetzt.

Die Suppe mit frischen Stangenbohnen gab es immer nur im Hochsommer. Das Gemüse kam, soweit ich mich erinnere, von meiner Uroma, die in Merkenich lebte und einen eigenen großen Garten hatte. Bei der Zubereitung bekam meine Oma beim Rühren im höheren Alter solche Schweißausbrüche, dass sie Schweißbänder trug. Mit Stirnband und Bändern an den Handgelenken sah sie aus, als wenn sie an einem Tennismatch teilnehmen würde. Sie kochte ja die Zutaten separat und die Küche sah anschließend aus! Man sah nur noch Töpfe, Töpfe, Töpfe.

Die ganze Familie traf sich bei meinen Großeltern und es wurde ein richtiges Ereignis aus dem „Süppchen". Meine Oma machte noch zusätzlich frische Apfelpfannkuchen oder Kirschpfannkuchen dazu – das Süße zur Suppe ist wirklich ein Geschmackserlebnis. Außerdem mochte mein Vater als Ruhrpottler die Suppe gar nicht gerne. Heutzutage habe ich selber einen Schrebergarten mit eigenen Stangenbohnen und verwöhne meine Schrebergartenfreunde mit dieser Suppe aus der guten alten Zeit.

Petra Schlösser, Köln

Apfelpfannkuchen de luxe

Zutaten

(für 4 Personen)

300 g Mehl
300 ml Milch
4 Eier
60 g Zucker
1 Prise Salz
4 Äpfel (z. B. Boskop)
reichlich Zimtzucker
Butter für die Pfanne

Zubereitung

In einer Schüssel das Mehl und die Milch mit dem Handrührgerät verrühren. Die Eier trennen und die Eigelbe, den Zucker und das Salz unterrühren. In einer weiteren Schüssel das Eiweiß steif schlagen und mit einem Holzlöffel unter den Teig ziehen.

Den Teig einige Minuten quellen lassen und den Backofen auf 80 °C vorheizen.

Währenddessen die Äpfel schälen und mit einem Ausstecher die Gehäuse entfernen. Die Äpfel quer in dünne Scheiben schneiden. In einer mittelgroßen Pfanne bei mittlerer Temperatur etwas von der Butter zerlassen, Zimtzucker einstreuen und etwas karamellisieren lassen. Die Apfelscheiben hineinlegen und zwei Minuten darin bräunen, dann die Pfanne vom Herd ziehen.

Den Teig einmal umrühren. In einer weiteren Pfanne bei mittlerer Temperatur etwas Butter zerlassen und mit einer Schöpfkelle ein Viertel des Teiges hineingeben. Die Temperatur reduzieren und den Pfannkuchen backen, bis er auf der Unterseite goldbraun ist, dann wenden (eventuell einen Teller und feuerfeste Handschuhe zu Hilfe nehmen) und fertig backen. Auf einem Teller im Backofen warm halten und die anderen drei Pfannkuchen backen.

Von den karamellisierten Äpfeln die Hälfte auf einen Pfannkuchen geben und etwas vom Sirup darüberträufeln. Einen zweiten Pfannkuchen darauflegen und dick mit Zimtzucker bestreuen. Mit den anderen beiden Pfannkuchen genauso verfahren. Man kann auch dünne Pfannkuchen backen und mehrere Schichten aufeinanderlegen. Lecker schmecken Pfannkuchen auch statt mit Äpfeln und Zimtzucker mit rheinischem Apfelkraut beträufelt.

In der Küche, wo all die Leckereien zubereitet wurden, fühlte sich Klein-Bettina offensichtlich sehr wohl und wollte schon tüchtig zur Hand gehen.

Köstlichkeiten, die nicht viel kosteten

Zu meiner Kinderzeit in Köln vor etwas mehr als dreißig Jahren mussten meine Eltern wie viele andere sehr aufs Geld achten. Toast Hawaii oder Capri-Sonne, zu Wassereis gefroren, waren Luxus pur für uns drei Schwestern und in den seltenen Fällen, in denen es das einmal gab, kamen wir uns gleich vor wie in der Karibik. Noch warmes Schwarzbrot vom Bäcker am Eigelstein, mit guter Butter bestrichen, war ein leckeres Mittagessen am Samstag. Eines unserer Lieblingsgerichte, Arme Ritter, bereitete meine Mutter ganz klassisch zu: aus altbackenen Brötchen oder Weißbrotscheiben, durch verquirltes Ei gezogen in der Pfanne gebacken und mit Zimtzucker bestreut. Aber der Clou waren ihre Apfelpfannkuchen, für die sie sich etwas ganz Besonderes hatte einfallen lassen. Die Zutaten waren fast die gleichen wie sonst auch, aber durch die spezielle Schichtung wurden sie zu einer wahren Köstlichkeit veredelt – das kostete gar nicht viel und war doch ein Genuss.

Bettina Schwarz, Köln

Löwenzahnsalat

Zutaten

(für 4 Personen)

250 g frische junge Löwenzahnblätter
80 g roher geräucherter Speck
1–2 EL Weinessig
Salz und frisch gemahlener schwarzer Pfeffer

Zubereitung

Die Löwenzahnblätter waschen und gründlich putzen. In lauwarmes Wasser legen, bis sie nicht mehr bitter schmecken. In einem Sieb abtropfen lassen und in eine Schüssel legen.

Den Speck in kleine Würfel schneiden und eine Pfanne bei mittlerer Temperatur erhitzen. Den Speck darin knusprig ausbacken, mit dem Essig ablöschen. Lauwarm über den Salat gießen und mit Salz und Pfeffer abschmecken.

Lange Zeit kannten viele den leckeren Löwenzahn oder die Brennnessel nur als Unkraut oder Viehfutter – die Großelterngeneration hat Salat und Gemüse daraus zubereitet und gibt das Wissen gerne weiter.

Leckeres, gesundes „Unkraut"

Den Löwenzahn für diesen Salat, dessen Rezept ich hier aus der Erinnerung aufschreibe, sticht man tief aus – am besten nimmt man Löwenzahn von Maulwurfshügeln, denn dort wächst er am besten. Beim Putzen werden die groben grünen Spitzen entfernt, ähnlich wie beim Endiviensalat, da das weiße Ende am besten schmeckt. Statt des fetten Specks kann man ein Dressing aus Essig, Öl, Salz und Pfeffer darübergeben. Man verfeinert außerdem gern mit gehackten Zwiebeln und Schnittlauch.

Es gibt einen alten Hausfrauentrick, den bitteren Geschmack zu mildern: hart gekochte Eier oder eine gekochte Kartoffel mit einer Gabel zerdrücken, mit etwas Margarine und heißer Milch vermischen und kurz vor dem Servieren unter den Salat heben. Auch aus jungen Brennnesseln, die man mit Handschuhen pflückt und mithilfe von zwei Holzlöffeln in reichlich Wasser wäscht, wird mit Speck, Zwiebeln, Mehl, Brühe oder Milch, Salz und Muskat eine Gemüsebeilage oder auch ein Eintopf.

Gertrud aus Kirchberg

Leber mit Kartoffelpüree und Apfelringen

Zutaten

(für 4 Personen)

4 Scheiben Kalbs- oder Rinderleber (ca. 600 g)
2–3 Speisezwiebeln
2 Äpfel (z. B. Boskop)
4 EL Mehl
Salz und frisch gemahlener Pfeffer
Butter
Fett zum Braten

Für das Kartoffelpüree
1 kg mehlig kochende Kartoffeln
250 ml Milch
frisch geriebene Muskatnuss
Salz und frisch gemahlener schwarzer Pfeffer
30 g Butter

Zubereitung

Die Kalbs- oder Rinderleber beim Metzger sauber parieren lassen, sie sollte ohne Haut und Fasern sein. Die Zwiebeln schälen und in Ringe schneiden. Die Äpfel schälen, mit einem Ausstecher vom Kerngehäuse befreien und quer in Ringe schneiden.

Das Mehl und etwas Salz und Pfeffer auf einem flachen Teller mischen und die Leber darin wälzen. In einer Pfanne das Fett erhitzen und die Leber darin bei mittlerer Temperatur von jeder Seite 2–3 Minuten braten. Die Leber aus der Pfanne nehmen und warm stellen. Die Zwiebelringe im verbliebenen Bratfett goldgelb rösten. Etwas Butter und die Apfelscheiben zufügen und kurz mitrösten. Die Leber wieder zugeben und alles mit Salz und Pfeffer würzen.

Für das Kartoffelpüree die Kartoffeln schälen und in große Stücke schneiden. In Salzwasser etwa 20–25 Minuten kochen. Das Wasser abgießen, den Topf nochmals abgedeckt auf die warme Platte stellen und das restliche Wasser verdampfen lassen, bis die Kartoffeln trocken sind. Die Milch erwärmen und zu den Kartoffeln geben. Diese stampfen und mit Salz, Pfeffer und Muskat würzen. Die Butter unterrühren – ist das Kartoffelpüree zu fest, kann man noch ein wenig mehr Milch unterrühren.

Eine unschlagbare Kombination und gar nicht schwer zuzubereiten. Innereien sollte man frisch vom Fleischer kaufen und nicht zu oft essen.

Einmal im Monat Leber

Ich erinnere mich noch sehr genau daran, wie meine Mutter einmal im Monat Leber zubereitet hat. Wir gingen immer zusammen zum Metzger, um sie ganz frisch zu kaufen. Dann ging es los, ich habe es noch vor Augen wie in den 1970er-Jahren: die Leber in Mehl wälzen, Kartoffelpüree vorbereiten und natürlich die Apfelringe und die gebratenen Zwiebeln … Irgendwann hörte meine Mutter leider auf, dieses Gericht zuzubereiten – Innereien waren wohl zu sehr mit Schadstoffen belastet. Ich habe jedenfalls seit dieser Zeit nie wieder Innereien gegessen beziehungsweise selber zubereitet. Den Geschmack der Apfelringe werde ich nie vergessen und habe seit dieser Zeit auch nie mehr ein so gutes Püree bekommen.

Torsten Junker, Köln

Trevvel

Zutaten

(für 4 Personen)

60 g fetter Speck
2 Eier
50 g Mehl
300 ml Milch
1 Prise Salz

Zubereitung

In einer Pfanne den Speck bei mittlerer Temperatur auslassen. Die Eier miteinander verquirlen und unterrühren. Mehl und Milch dazugeben, mit Salz abschmecken. Die Eierspeise in der Pfanne mit einem Holzlöffel ständig vorsichtig rühren, bis die ganze Masse gebunden, aber krümelig ist. Schmeckt gut als Belag auf Vollkornbrot!

Wenige Zutaten – und alle wurden satt: In Großfamilien oder Handwerksbetrieben wurde nicht lange gefackelt, da kam die große Pfanne mit der Eierspeise einfach mitten auf den Tisch.

Eine Pfanne für alle

Ein leckeres einfaches Essen meiner Kindheit und Jugendzeit nach dem Zweiten Weltkrieg war Trevvel (wohl eine Bezeichnung, die ursprünglich aus der Eifel stammt), die in unserer Familie traditionell zubereitet wurde – waren die Zeiten schlecht, musste schon einmal ein einziges Ei mit mehr Milch und Mehl gestreckt werden. Die große Pfanne kam mitten auf den Tisch und alle aßen mit ihren Gabeln direkt aus der Pfanne und legten die Eierspeise auf Brotschnitten: Das sparte Teller und vor allem Zeit.

Unsere Familie hatte nämlich eine Bäckerei. Da konnten auch nicht alle gleichzeitig zu Tisch, denn das Backwerk in der Backstube musste ja erst fertig sein. So konnte es passieren, dass die Eierpfanne zwischenzeitlich auch mal warm gestellt werden musste, bis die nächsten hungrigen Mäuler mit Gabeln „bewaffnet" anrückten.

Gertrud aus Kirchberg

…rstchen mit schnellem Kartoffelsalat

Zutaten

(für 4 Personen)

1 kleine Zwiebel, gehackt
250 ml heiße Gemüsebrühe
Salz und frisch gemahlener schwarzer Pfeffer
Pellkartoffeln, in Scheiben geschnitten
½ Gartengurke, in feine Scheiben geschnitten
4 EL Apfelessig
2 EL Sonnenblumenöl
100 ml Buttermilch
4 Radieschen, in dünne Scheiben geschnitten
2 EL Schnittlauchröllchen
4–8 Bockwürstchen vom Metzger

Zubereitung

Kartoffeln am Vortrag gar kochen, nicht zu weich.

Die Pellkartoffeln schälen und in Scheiben schneiden. Die Zwiebel in einer großen Schüssel mit der Brühe übergießen, würzen und 10 Minuten ziehen lassen. Kartoffeln und Gurke unterheben und den Salat mit Essig, Öl und Buttermilch anmachen, nochmals abschmecken.

Mit Radieschen und Schnittlauch verfeinern und abgedeckt im Kühlschrank einige Stunden ziehen lassen. Die Würstchen in Wasser erhitzen und mit dem Kartoffelsalat servieren.

Die kleine Adelheid musste im Alter von drei Jahren wegen ihres Asthmas für sechs lange Wochen ohne ihre Eltern zur Erholung in den Schwarzwald. In der Heimat lockte schon das Lieblingsgericht: Kartoffelsalat und Würstchen.

Eine Frage des Vertrauens

Als dreijähriges Kind musste ich, Jahrgang 1955, für sechs Wochen nach Kniebis im Schwarzwald ins Kinderheim zur Kur, denn ich hatte Asthma. Meine Eltern, die mich abholten, waren Fremde für mich geworden, ich habe sie damals, klein wie ich war, nicht sofort wiedererkannt. Und so gab ich auf ihre Fragen auch keine Antwort und sprach kein einziges Wort.

Kilometer um Kilometer redeten meine Eltern, immer ratloser, auf mich ein – nichts fruchtete, ich sprach einfach nicht. Wir fuhren und fuhren, näher und näher kamen wir der Heimat: nichts. Schließlich fragten meine Eltern mich, ein letzter Versuch nahe am Rande der Verzweiflung: „Was möchtest du denn als Erstes gerne essen?“ Wie aus der Pistole geschossen sprudelte es aus mir, alle Fremdheit vergessend, heraus: „Kartoffelsalat mit Würstchen!“ Der Bann war gebrochen.

Adelheid Simons-Hoppe, Jülich

Hasenpfeffer

Zutaten

(für 4 Personen)

etwas durchwachsener Speck, gewürfelt
1 Zwiebel, fein gewürfelt
800 g Hasenfleisch, in Würfel geschnitten
500 ml Wildbrühe
3 Nelken
2 Lorbeerblätter
4 Wacholderbeeren
2 EL Kräuteressig
1 Scheibe Frühstückskuchen oder 1 Printe, gerieben
120 g Trockenobst, gewürfelt
Salz und frisch gemahlener schwarzer Pfeffer
40 g Butter

Zubereitung

In einer großen Pfanne ohne Fett bei hoher Temperatur den Speck auslassen. Herausnehmen und bei reduzierter Temperatur die Zwiebel darin glasig werden lassen. Das Fleisch dazugeben und rundum kräftig anbraten.

Speck, Brühe, Gewürze und Essig zugeben und alles aufkochen. Bei mittlerer Temperatur $1\frac{1}{2}$ Stunden schmoren. Frühstückskuchen und Trockenobst zugeben und alles abschmecken. Mit der Butter die Sauce binden, mit Klößen oder Bandnudeln servieren.

Kaninchen in freier Natur waren vor dem Appetit der kleinen Adelheid nicht sicher.

Nie genug vom Kaninchen

In den Ferien fuhr ich, ich bin 1955 geboren, immer wieder gern zu meiner Verwandtschaft. Dort durfte ich mir meine Lieblingsspeisen aussuchen und immer wieder wünschte ich mir Kaninchen oder Hase. Dann musste mein Patenonkel, ein passionierter Jäger, in den Wald und auf den ganz speziellen Wunsch einer sehr jungen Dame ein Kaninchen schießen. Von diesem Stück Wild aßen wir immer zwei Tage hintereinander, es war ja genug. Und wurde ich am dritten Tag gefragt, was ich denn essen wolle, sagte ich wieder: „Kaninchen." So kam es also, dass es in meiner Ferienzeit vier Tage hintereinander Kaninchen zu essen gab. Lecker!

Adelheid Simons-Hoppe, Jülich

Schnibbelbohneneintopf

Zutaten

(für 4 Personen)

Butterschmalz zum Braten
1 kg Schnibbelbohnen, geputzt
3 Zwiebeln, gewürfelt
200 g geräucherter durchwachsener Speck, gewürfelt
5 große Kartoffeln, geschält und grob gewürfelt
1 Lorbeerblatt
wenig Brühe
Salz und frisch gemahlener schwarzer Pfeffer
200 g saure Sahne
4 Mettwürstchen

Zubereitung

In einem großen Topf Butterschmalz zerlassen. Zwiebeln und Speck darin glasig werden lassen, dann die Kartoffelwürfel und das Lorbeerblatt zugeben. Salzen und pfeffern und etwa 20 Minuten bei mittlerer Temperatur schmoren lassen. Immer wieder wenden und Brühe angießen, damit nichts anbrennt.

Danach die Bohnen gut untermengen und erhitzen. Abschmecken und mit der sauren Sahne binden. Die Mettwürstchen zugeben und ebenfalls erhitzen.

Im Rheinland waren Bohnenstangen im Garten und die eigene Ernte im Durchlag noch vor wenigen Jahrzehnten ein ganz vertrauter Anblick. Die Bohnen wurden gepflückt und für die kalte Jahreszeit eingemacht.

Leckere Wintergerichte

Schnibbelbohnen wurden früher milchsauer eingelegt, daran kann ich, Jahrgang 1933, mich noch gut erinnern. Die Bohnen wurden im eigenen Garten gepflückt, die Fäden gezogen und die Bohnen diagonal in Stücke geschnitten. In grauen oder braunen Steinguttöpfen wurden sie dann für den Winter eingelegt.

Die typischen Eintöpfe haben wir sehr gern gegessen. Ich kann mich noch so gut daran erinnern, weil das ganze Haus säuerlich danach duftete. Manch einer bevorzugte die süß-saure Variante und tat etwas Zucker oder sogar Rübenkraut daran.

Josefine Wolff, Jülich

Weißbrot/Wecken

Zutaten

(für 1 Brot)

1 TL Honig
20 g frische Hefe (1/2 Würfel)
500 g Weizenmehl, Type 405,
zzgl. etwas mehr zum Bestäuben
1 TL Salz

Zubereitung

Den Honig in 100 ml lauwarmem Wasser auflösen. Die Hefe hineinbröckeln, alles verrühren und 10 Minuten gehen lassen. Das Mehl in eine Rührschüssel sieben, das Salz unterrühren und in die Mitte eine Mulde drücken. Die Hefemischung zufügen und alles zu einem homogenen Teig verarbeiten. Zu einer Kugel formen, mit etwas Mehl bestäuben und abgedeckt an einem warmen Ort 1 Stunde 30 Minuten gehen lassen.

Den Teig mit den Händen gut durchkneten und wieder abgedeckt an einem warmen Ort 1 weitere Stunde gehen lassen. Dann zu einem Brotlaib formen, die Oberfläche mit einem scharfen Messer mehrfach diagonal einschneiden und auf ein mit Backpapier bedecktes Blech legen, nochmals abgedeckt und bestäubt 30 Minuten gehen lassen. Währenddessen den Backofen auf 200 °C vorheizen und das Brot auf der mittleren Schiene 35–40 Minuten backen.

Den unverwechselbaren Duft frisch gebackenen Weißbrots aus dem Backofen aus Kindertagen vergisst man nicht. Kein Weißbrot wird jemals so lecker schmecken!

... da konnte Oma nicht „Nein" sagen ...

In meiner Kindheit, ich wurde 1933 geboren, war es nicht üblich, sich das Essen aus einer Vielzahl an Zutaten und Gerichten auszusuchen. Ja, es war oft nicht einmal selbstverständlich, sich satt essen zu können. Ich ging noch zur Schule und der Schulplatz lag genau gegenüber dem Haus meiner Großmutter. Sie war eine ausgezeichnete Bäckerin und besonders gut gelangen ihr Gebäck und Brot aus Hefeteig. Hatte sie einmal einen Wecken oder ein Weißbrot gebacken, liefen wir in der Pause schnell an die Tür und bereitwillig schnitt sie das Brot auf.

Aber immer mehr hungrige Kinder standen plötzlich in der Tür, die Großmutter schnitt und schnitt ... ach du Heimatland, das noch warme, duftende Brot wurde ja immer kleiner! Aber angesichts der so flehentlich blickenden Kinderaugen (und sicher auch knurrenden Mägen) wurde die Oma weich und konnte einfach nicht „Nein" sagen. Es war so köstlich und machte so viel Freude, da habe ich bei mir gedacht: Das willst du auch einmal können. Es hat viele Versuche gebraucht, aber am Ende bin auch ich eine Hefeteig-Expertin geworden.

Josefine Wolff, Jülich

Pottschloot

Zutaten

(für 4 Personen)

400 g Kartoffeln, geschält
120 ml Milch
40 g Butter
frisch geriebene Muskatnuss
Endiviensalat, geputzt und in Streifen geschnitten
Apfelessig
Salz und frisch gemahlener schwarzer Pfeffer
4 Bratwürste

Zubereitung

Die Kartoffeln in Salzwasser garen. In den letzten Minuten der Garzeit in einem kleinen Topf die Milch erwärmen. Die Kartoffeln mit Milch, Butter und Muskat zu Püree stampfen.

Den Endiviensalat mit Essig, Salz und Pfeffer anmachen und unter das Püree heben, abschmecken. Dazu schmeckt frische Bratwurst, direkt aus der Pfanne.

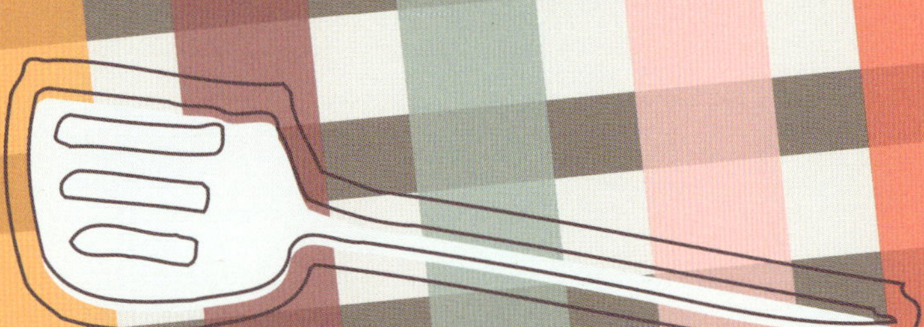

Die erfahrenen Köche und Wirte im Rheinland bereiten traditionell viele Zutaten gemeinsam in einem Topf zu, was auf Zugereiste zunächst befremdlich wirkt. Es entstanden ebenso einfache wie mundende Gerichte mit sprechenden Namen wie „Pottschlott": Topfsalat. Klar, oder?

Auf zum Wochenendvergnügen

Im Kölner Stadtteil Worringen befindet sich das Hotel und Restaurant Matheisen. 200 Jahre alt sind die Grundmauern und seit 1882 befindet sich eine weithin bekannte Schankwirtschaft darin. Von der Wirtin Molls Grietche übernahmen 1928 die Landwirte Josef und Katharina Matheisen aus Gohr bei Dormagen den Betrieb und gaben ihn 1963 an ihren Sohn Norbert (Bäthes) weiter. Im damaligen Saal auf der ersten Etage fanden Bälle, Theatervorführungen, Karnevalsveranstaltungen und Konzerte statt. An den Wochenenden gingen wir als Kinder mit unseren Eltern und noch als junge Leute (um 1950, dann natürlich alleine) gerne dorthin, denn es war immer etwas los, oben gab es Tanz und unten in der Schänke leckere rheinische Hausmannskost.

Eine Dormagenerin

Döppekoche oder Knüles

Zutaten

(für 4 Personen)

2 kg Kartoffeln
2 Zwiebeln, fein gehackt
2 Eier, verquirlt
6 EL Rosinen
Salz und frisch gemahlener schwarzer Pfeffer
100 g durchwachsener Speck
Öl zum Einfetten

Zubereitung

Die Kartoffeln schälen und reiben. Über einer Schüssel gut ausdrücken, die Flüssigkeit dabei auffangen und etwa 10 Minuten beiseitestellen, damit sich die Stärke absetzt.

Den Backofen auf 140 °C vorheizen. Stärke, Zwiebeln, Eier und Rosinen (man kann auch weniger nehmen) zu den Kartoffeln geben und alles gut miteinander mischen, würzen. Den Speck in schmale Streifen schneiden und gut die Hälfte davon unterheben. Eine feuerfeste Form mit dem Öl einfetten und die Masse einfüllen, die übrigen Speckstreifen darüber verteilen.

Die Form in den Ofen schieben und den Döppekoche etwa 1 Stunde backen. Die Oberfläche sollte schön braun und knusprig sein. Dazu schmecken Schwarzbrot und rheinisches Apfelkraut.

Der Duft der Kindheit

Wenn ich an meine Kindheit denke, fallen mir eigentlich drei Gerichte ein: Döppekoche, Ädappeltaat und Reibekuchen. Ganz oben stehen die Reibekuchen meiner Mutter mit Apfelkompott. Unvergessen! Davon konnte ich 15 Stück auf einmal essen – handtellergroß (Hände von Erwachsenen, wohlgemerkt) und dazu eine halbe Schüssel Apfelkompott. Besonders wichtig war: Die Kartoffeln und Äpfel mussten natürlich aus dem eigenen Garten stammen.

Die erste Portion Reibekuchen gab es direkt aus der Pfanne, ganz frisch, ganz knusprig. Köstlich! Meine Mutter konnte die Reibekuchen gar nicht so schnell machen, wie ich sie verputzt habe. Wenn es dann langsam etwas „schwerer" wurde mit dem Essen, also ich immer satter wurde, dann kam das Apfelkompott dazu – das hat die Verdauung (gefühlt) etwas leichter gemacht. Das Allerbeste war, wenn die Reibekuchen noch schön warm waren und zum Abkühlen das Apfelkompott drauf kam. Die Reibekuchen selber mussten schön fluffig sein. Bevorzugte „Verzehrzeit" war abends, denn danach konnte man sich eigentlich nur noch hinlegen und ausruhen.

Wenn ich heute so daran denke, habe ich es damals schon richtig gemacht, solche Unmengen davon zu essen, denn NIE WIEDER habe ich sie so gut gegessen, sie bleiben bis heute unerreicht! Und noch immer reizen mich Gerichte, die süß-sauer-salzige Aromen vereinen. Der Duft dieser Gerichte zog so verlockend durchs ganze Haus, dass sie für mich für eine glückliche Kindheit stehen.

Norbert Ommer, Köln

Obst und Gemüse in der rheinischen Küche stammten entweder von einem der vielen traditionsreichen Wochenmärkte, oft aber auch aus dem eigenen Garten, denn die Familien waren meistens noch Selbstversorger.

Kartoffelklöße rheinische Art

Zutaten

(für 4 Personen)

100–120 ml Milch
1 altbackenes Brötchen, gewürfelt
500 g Pellkartoffeln, gepellt
2 große Eier, getrennt
50 g weiche Butter
1 gute Prise frisch geriebene Muskatnuss
Salz und frisch gemahlener schwarzer Pfeffer
Fett zum Braten

Zubereitung

In einem kleinen Topf die Milch erwärmen. Die Brötchenwürfel in eine Schüssel geben und mit der Milch übergießen, einweichen lassen. Währenddessen die Kartoffeln klein schneiden und zerdrücken. Das Eiweiß steif schlagen.

In einer großen Schüssel das gut ausgedrückte Brötchen mit Kartoffeln, Eigelb, Butter und Gewürzen zu einem homogenen Teig vermengen. Das Eiweiß vorsichtig mit einem Holzlöffel unterziehen.

In einer großen Pfanne das Fett bei mittlerer Temperatur erhitzen. Teignocken abstechen, in das Fett setzen und rundum goldbraun braten.

Die rheinische Universalbeilage

Klöße sind aus der rheinischen Küche nicht wegzudenken. Auch wenn es sie in zahlreichen anderen Regionen ebenfalls gibt, behaupten viele doch, im Rheinland schmeckten sie am besten und würden nur hier in der richtigen Konsistenz zubereitet – nicht zu weich, schön goldbraun in der Pfanne gebacken.

Und wie so viele andere Gemüse hatte man früher eben auch Kartoffeln im eigenen Garten. Im Herbst wurde geerntet und eingelagert, so war immer die Grundlage für diverse günstige und sättigende rheinische Gerichte im Haus. Kartoffelsalat, Eintöpfe, Äädappelschlot oder Kümmelkartoffeln. Kartoffelklöße passen vor allen Dingen gut zu deftigen Fleischgerichten mit viel Sauce wie rheinischem Sauerbraten oder Krützchengulasch.

Norbert Ommer, Köln

Eine Zutat, so viele leckere Gerichte: Unzählige Kartoffelgerichte kennt das Rheinland und alle schmecken ein wenig anders. Gemeinsam haben sie jedoch eines: Sie sind einfach lecker. Und dabei gar nicht so schwer zuzubereiten – probieren Sie es doch einmal aus!

Ähzesupp (Erbsensuppe)

Zutaten

(für 4 Personen)
500 g grüne Erbsen
2 Zwiebeln
300 g Kartoffeln
1 l Gemüsebrühe
1 dicke Scheibe durchwachsener Speck
4 geräucherte Mettwürste
2 Möhren
1 Stange Lauch
1/4 Knolle Sellerie
1 Bund Petersilie
1/2 TL getrockneter Majoran
1 Lorbeerblatt
1 EL scharfer Senf
Salz und frisch gemahlener schwarzer Pfeffer

Zubereitung

Die Erbsen über Nacht in etwa 2 Liter Wasser einweichen, mit dem Einweichwasser aufsetzen, etwa 2 Stunden auf kleiner Flamme garen lassen. Zwiebeln und Kartoffeln klein schneiden und hinzufügen. Eventuell mit Gemüsebrühe auffüllen, 20 Minuten reduzieren lassen.

Speck in der Pfanne knusprig braten, die Mettwürste in grobe Scheiben schneiden. Die Gemüse putzen und klein schneiden, die Kräuter fein hacken. Alles zur Suppe geben und noch einmal 5–10 Minuten kochen lassen. Mit Senf abschmecken, nach Geschmack salzen und pfeffern.

Das Rezept stammt vom Wissenschaftsjournalisten Jean Pütz

Reichhaltig und lecker mit Gewürzen und kräftiger Einlage: die gute Ähzesupp nach klassischem, seit Generationen erprobtem Rezept. Dazu schmecken die Biere der Region.

Ein Topf für jeden Geschmack

Das Rheinland und der Eintopf – das sind zwei Dinge, die wie nirgendwo sonst untrennbar miteinander verbunden sind. Bohnen (Bunne), Ähze (Erbsen) Graupen und Kartoffeln, zu einem geschmacklich harmonischen Ganzen vereint, konnte niemand der rheinischen Hausfrau das Wasser reichen, wenn es darum ging, mit günstigen Nahrungsmitteln die Familie satt und auch noch glücklich zu machen. Im Eintopf fanden sich neben den sättigenden Hülsenfrüchten oft auch Fleisch- oder Wurstreste. Der gute Geschmack der traditionsreichen rheinischen Eintopfgerichte kann aber nicht nur an der Hausmacher Wurst gelegen haben, die mitgekocht wurde. Es floss einfach Kocherfahrung aus Generationen ein.

Eintopf wurde gleich für zwei Tage gekocht oder zur Suppe „verlängert" und wie es heißt, schmeckte das aufgekochte Gericht fast noch besser als das frische! Wer heute einmal einen Eindruck bekommen will, wie ein guter Eintopf schmecken kann, versuche doch einmal unbedingt einen Eintopf in den rheinischen Traditionsbrauhäusern.

Tabbouleh

Zutaten

(für 4 Personen)

2 mittelgroße Tassen Couscous
Saft von 1/2 Zitrone
1 EL gehackte Minzeblätter
1 EL gehackte glatte Petersilie
1 große rote Paprika, fein gewürfelt
1/2 Salatgurke
1 EL Olivenöl
1 Spritzer Apfelessig
Salz
frisch gemahlener schwarzer Pfeffer

Zubereitung

Den Couscous nach Packungsanleitung quellen lassen. Noch warm in eine große Schüssel füllen und die anderen Zutaten unterheben. Es können auch andere Gemüse ganz nach Geschmack und Saison verwendet werden. Abschmecken und abgedeckt bei Zimmertemperatur durchziehen lassen.

Tabbouleh schmeckt als leichtes Hauptgericht oder als Beilage zu würzigen Fleischgerichten.

Düsseldorfer Couscous

Für Dirk Sauerborn erschloss sich über die marokkanischen Gaststudenten, die in Logis bei seiner Mutter wohnten, eine neue Welt.

Es muss irgendwann in den frühen 70er-Jahren des letzten Jahrhunderts gewesen sein. Ich war knapp zehn Jahre alt. Meine Mutter, mehr oder weniger Alleinerziehende, musste Geld verdienen. Das schaffte sie als gelernte Schneiderin mit Nähen, Nähen, und nochmals Nähen, und manchmal vermietete sie auch ihr Schlafzimmer an Messegäste und Studenten.

Ich erinnere mich noch gut an einen marokkanischen Studenten, ein sehr freundlicher, zurückhaltender junger Mann, der über ein halbes Jahr lang morgens ging und abends kam. Bis zu dem Tag, als ich vom Spielen nach Hause kam und unsere Küche okkupiert sah von diesem jungen Mann und mehreren seiner Freunde. Es roch ungewöhnlich, aber sehr interessant, neu, geheimnisvoll. Ich sah die Männer schemenhaft hinter der Milchglasscheibe der Küchentür hantieren. Ich ging ins Kinderzimmer, neugierig auf das, was da kommen sollte.

Als ich zum Essen gerufen wurde, stand die Wohnzimmertür offen und der Tisch bog sich fast unter der Menge an Köstlichkeiten, die da in den Töpfen und Schüsseln bereitstanden, für uns, ein kleines Dankeschön für die Gastfreundschaft meiner Mutter. Ich quetschte mich aufs Sofa zwischen die marokkanischen Studenten und begann zu essen. Couscous mit Kichererbsen und Geflügel, köstlichfremder Geschmack, eine allererste kulinarische Reise des an Reibekuchen und Kotelett gewöhnten Gaumens in die zauberhafte Welt des mit Gewürzen so wenig sparsamen Orients.

Dirk Sauerborn, Düsseldorf

Rheinisches Apfelkraut

Zutaten

(für 4 mittelgroße Gläser)

4–5 kg Äpfel

Zubereitung

Die Äpfel schälen, von den Kerngehäusen befreien und in kleine Stücke schneiden.

In einem großen Topf mit 750 ml Wasser bei mittlerer Temperatur wie Kompott kochen, eventuell mit einem Kartoffelstampfer nachhelfen.

Ein großes Sieb auf eine Schüssel setzen und mit einem sauberen Küchentuch auslegen. Die Äpfel mit ihrer Flüssigkeit einfüllen und über Nacht gut abtropfen lassen. Den ausgetretenen Saft in einen großen Topf füllen und bei hoher Temperatur aufkochen. Die Temperatur nach einer Weile reduzieren und den Saft unter gelegentlichem Rühren richtig dunkel eindicken lassen – das kann bis zu 2 Stunden dauern.

Den dunklen Sirup in saubere Schraubdeckelgläser füllen und kühl und dunkel lagern. Das Apfelkraut ist bis zu 6 Monate haltbar.

Die rheinische Apfelernte wird im großen Stil unter anderem auch zu Apfelkraut verarbeitet. In der Küche ist es unverzichtbar, schmeckt aber auch einfach so auf dem Butterbrot.

Das rheinische Grundnahrungsmittel

Als ich in meiner Kindheit in den 1930er-Jahren bei meiner Lieblingstante in Düsseldorf „abgegeben" wurde, habe ich eines kennen- und lieben gelernt: rheinisches Apfelkraut. Apfelmus kannte ich, das gab es zu Hause aus Äpfeln aus dem Schrebergarten auch. Aber Apfelkraut – es brauchte ein bisschen Überwindung, denn das Kraut war nach meinem Dafürhalten keines, sondern eine dunkle, dicke, zähflüssige, eher herbe als süße Masse.

Die Düsseldorfer aßen es nicht nur auf dem Butterbrot, sondern vor allem auch zu herzhaften Gerichten wie Reibekuchen oder Braten, merkwürdig. Bald hatte ich mich nicht nur daran gewöhnt, ich habe es geliebt. Später wurde es unverzichtbar, wir hatten immer ein Glas im Haus. Diese Vorliebe hat sich erhalten und wurde sogar in die nächsten Generationen weitergegeben. Die eigene Zubereitung ist nicht schwierig, man braucht aber viel Zeit: Außerdem heißt es rühren, rühren, rühren!

Ruth Wischnewski, Düsseldorf

Suppenfleisch sauer eingelegt

Zutaten

übrig gebliebenes Rindfleisch, z. B. aus einer Brühe vom Vortag
Essig
Öl
Senf
Zucker
Salz und frisch gemahlener schwarzer Pfeffer
1–2 Zwiebeln, in Scheiben geschnitten

Zubereitung

Das Fleisch in dünne Scheiben schneiden und diese in eine flache Schale oder einen tiefen Teller legen. Aus Essig und Öl, wenig Senf, einer Prise Zucker sowie Salz und Pfeffer und etwas Wasser eine Marinade herstellen.

Das Fleisch damit begießen, es sollte aber nur ganz leicht bedeckt sein. Zwiebelringe darüber verteilen. Abgedeckt an einem kühlen Ort einige Tage ziehen lassen, nochmals abschmecken. Mit Salzkartoffeln oder Kartoffelpüree servieren.

Nach schwerem Essen und vorbeugend für die Gesundheit wirken Kräuterliköre wie Killepitsch aus Düsseldorf wahre Wunder. Er wird nach einem streng geheimen alten Familienrezept seit 1858 aus Kräutern, Früchten und Beeren hergestellt: ön äschte Spezijalität!

Sauer wird's lecker

Wenn ich an die Küche meiner Großmutter in den 1950er-Jahren denke, fällt mir vor allem ihr sauer eingelegtes Suppenfleisch ein, auch Backfisch wurde gerne sauer eingelegt. Es gab ja beileibe nicht jeden Tag teures Fleisch und Reste wurden grundsätzlich weiterverwertet. Fleisch oder Backfisch wurde also in einer Essig-Öl-Marinade für einige Tage eingelegt – und schmeckte mit der feinen Säure einfach köstlich, das war ein Gedicht! Dazu gab es Kartoffeln oder Kartoffelpüree. Das wird heute leider kaum noch gemacht und ich erzähle gerne davon.

Ingrid Falkenstein, Krefeld

Nudeln mit Käse überbacken

Zutaten

(für 4 Personen)

300 g Nudeln nach Wahl (Röhrennudeln oder Bandnudeln)
Salz, Pfeffer
Butter
frisch geriebene Muskatnuss
200 g geriebener Käse, zum Beispiel Gouda

Zubereitung

Den Backofen auf 200 °C vorheizen. Die Nudeln in Salzwasser kochen und abgießen, gut abtropfen lassen. Einen Stich Butter unterheben und mit den Gewürzen abschmecken.

Ein Viertel der Nudeln in eine Auflaufform schichten, mit Käse bestreuen und Butterflöckchen daraufsetzen. So fortfahren, bis die Nudeln aufgebraucht sind, die letzte Schicht muss unbedingt eine Schicht Käse sein. Nochmals Butterflöckchen daraufsetzen.

Mit ihren überbackenen Nudeln sorgte Otti Schöngens Großmutter in Jülich für Furore – das kannte so noch niemand! Und mit Schinken wird heute aus der „vornehmen" Beilage von einst ein tolles Hauptgericht.

Das hat sie in Paris gelernt!

Zu Braten wie zum Beispiel Sauerbraten werden im Rheinland traditionell Kartoffeln und Rotkohl gereicht. Meine Großmutter, die bei uns im Haus lebte und 1958 verstorben ist, kochte himmlisch und das hatte einen guten Grund: Sie hatte vor dem Zweiten Weltkrieg, völlig ungewöhnlich zu der Zeit, in Frankreich das Kochen gelernt und bereicherte die rheinische Küche um so manche Besonderheit: Statt Kartoffeln oder Rotkohl servierte sie uns den Braten mit überbackenen Nudeln.

Das war zu meiner Kinderzeit eine echte Sensation, das kannte damals kein Mensch! Alle wunderten sich über diese Zubereitung – was? Und keinen Rotkohl? Wir Kinder konnten gar nicht genug davon bekommen.

Otti Schöngens, Jülich

Saure Nierchen

Zutaten

(für 4 Personen)

600 g Nierchen
Öl zum Braten
1 große Zwiebel, gewürfelt
Mehl zum Bestäuben
1 Msp. getrockneter Majoran
Salz und frisch gemahlener schwarzer Pfeffer
100 ml Fleischbrühe
2 EL Essig
100 g Sahne

Zubereitung

Die Nierchen von Röhren, Sehnen und Silberhaut befreien und 3–4 Stunden in Wasser oder Milch einlegen. Die Nierchen aus der Flüssigkeit nehmen und mit Küchenpapier trocken tupfen. Das Fleisch in kleine Würfel schneiden.

In einer Pfanne das Öl bei mittlerer Temperatur erhitzen und die Zwiebel darin glasig werden lassen. Die Nierchenwürfel zugeben und unter Rühren anbraten. Mit Mehl bestäuben und würzen. Die Brühe und den Essig angießen, dann die Sahne unterrühren und alles nochmals kurz aufkochen. Ist die Sauce noch nicht sämig genug, noch ganz wenig Mehl darüberstäuben. Dazu werden Salzkartoffeln und – natürlich – Apfelkompott serviert.

Sauer macht nicht nur lustig, sondern auch Fleisch und Innereien ganz besonders zart.

Heute gibt es Nierchen

Innereien sauer einzulegen waren und sind eine rheinische Spezialität. Wenn in meiner Kinderzeit in den 1950er-Jahren angekündigt wurde: „Heute gibt es Nierchen!“ konnten wir es kaum abwarten, zum Essen gerufen zu werden. „Suure Nierche“ werden ja heute kaum noch zubereitet und auf den Trick, wie man sie früher so lecker und die helle Sauce so herrlich sämig hinbekommen hat, sind weder meine Mutter noch später meine Schwester und ich gekommen. In Kindertagen wurde immer ein Riesentopf voll gekocht und der war am Mittag leer, so köstlich war das. Alle Nierchen, die später in Erinnerung zubereitet wurden, waren einfach nicht die „richtigen“ Nierchen!

Otti Schöngens, Jülich

Schokoladenpudding de luxe

Zutaten

(für 4 Personen)

1 Packung Schokoladen-puddingpulver
500 ml Milch
Zucker
50–80 g Zartbitter-schokolade, in kleine Stücke gebrochen
Plätzchen nach Belieben, zerbröselt
Rosinen nach Belieben
1 Eiweiß, steif geschlagen

Zubereitung

Den Schokoladenpudding nach Packungsanleitung mit Milch und Zucker zubereiten. Solange der Pudding noch heiß ist, die Schokolade, die Plätzchen oder die Rosinen vorsichtig unterziehen.

Mit einem Holzlöffel den Eischnee vorsichtig, aber zügig unterheben. Die „Wölkchen“ bekommen beim Abkühlen eine feste Haut.

Ein Traum aller Kinder, doch den guten selbst gekochten Schokoladenpudding gab es leider nicht alle Tage, sondern zu festlichen Anlässen und vielleicht einmal am Sonntag. Der schmeckte wirklich nach Schokolade – unvergessen!

Schokoladenpudding, der seinem Namen alle Ehre macht

Es gibt viele Gerichte, an die ich mich erinnere, aber leider nicht so hinbekomme, wie ich sie in Erinnerung habe. Früher wurde ja alles selber gemacht und so wurden auch Nachtische wie der gute Schokoladenpudding immer selber zubereitet: aus viel Zartbitterschokolade, mit Stärke, Milch, Ei und Zucker. Damals waren auch die meisten Zutaten noch besser als heute, Salmonellen – die waren kein Thema.

Sicherlich aber haben mich die Kochkünste in meiner Familie so beeinflusst, dass ich selber gerne koche und einen Schokoladenpudding auch verfeinere, zum Beispiel mit Rosinen, Schokoladensplittern und Plätzchen. Ich ziehe zur Sicherheit den Eischnee nur aus ganz frischen Eiern unter den noch heißen Pudding.

Otti Schöngens, Jülich

Wueschzupp

Zutaten

(für 4 Personen)

reichlich Suppengrün (Sellerie, Lauch, Möhren, Zwiebeln, Petersilie), geputzt und klein geschnitten
je 250 g Hausmacher-Blut- und -Leberwurst
250 g Kartoffeln, gewürfelt, plus 1/2 rohe Kartoffel, gerieben, zum Legieren
Maggi
Salz

Zubereitung

In einem großen Topf 1 Liter Wasser und Suppengrün bei mittlerer Temperatur kochen. Währenddessen die Wurst in dicke Scheiben schneiden. Wurst und Kartoffeln in den Topf geben und weitere 20 Minuten kochen. Nach Belieben die geriebene Kartoffel zum Legieren dazugeben.

Sehr zurückhaltend mit Maggi und Salz abschmecken, immer wieder probieren, denn die Wurst an sich ist ja schon sehr würzig. Statt Kartoffeln können auch Grieß oder Nudeln zugegeben werden.

Eine gute Suppe hatte es in sich. Die Wurstwaren darin stammten noch aus eigener Schlachtung und mussten bald verarbeitet werden.

Schlachtfest

Früher, Mitte der 1940er-Jahre, hatte kaum jemand einen Kühlschrank, das war nicht üblich. Dafür aber war es Usus, selber zu schlachten, und das geschah wechselweise in den Familien. Nahezu alle Bestandteile der geschlachteten Tiere fanden dabei Verwendung, mussten aber schnell verwertet werden, da sie ja nicht gekühlt werden konnten. Beliebt war die reichlich vorhandene nahrhafte Wurstbrühe, denn aus ihr konnten eine leckere Suppe oder ein Eintopf zubereitet werden. Oft waren sogar noch Wurststücke darin, man gab aber beim Kochen auch neben reichlich Suppengrün noch ordentlich hausgemachte Leberwurst oder Blutwurst zu. Bei den Mengen, die anfielen, kamen die Nachbarn reihum nur zu gerne zu Hilfe: Mit Zwei-Liter-Aluminiumkännchen holten wir Kinder beim Nachbarn, der geschlachtet hatte, die gute Wurstbrühe. Und schlachteten wir, kamen die Nachbarn dann mit ihren Kännchen zu uns.

Gertrud aus Kirchberg

Stielmus

Zutaten

(für 4 Personen)

1 kg Stielmus
Salz
1 Stich Butter
3–4 EL Mehl
200 ml Milch
1 Prise frisch geriebener Muskat
frisch gemahlener schwarzer Pfeffer

Zubereitung

Stielmus gründlich waschen und trocken schütteln. Mit der Hand die Blätter von den Stielen streifen und beides klein schneiden. 500 ml Salzwasser aufkochen und den Stielmus zugeben. Bei mittlerer Temperatur etwa 15 Minuten garen, er sollte nicht ganz zerfallen sein. Durch ein Sieb abgießen und dabei etwas von der Flüssigkeit auffangen.

In einem größeren Topf bei mittlerer Temperatur einen Stich Butter zerlassen. Das Mehl dazusieben und unter Rühren eine Mehlschwitze herstellen. Abgenommene Kochflüssigkeit und Milch nach und nach zugeben, dabei immer weiterrühren. Mit den Gewürzen abschmecken und die Mehlschwitze unter den Stielmus heben, nochmals erwärmen. Schmeckt zu Schweinegulasch und Kartoffeln und vielem mehr.

Ein vertrautes Bild im Rheinland: Rübenstielpflänzchen. Aus dem zarten Grün wird eine Gemüsebeilage gekocht, vor allem aber werden Rüben für die Gewinnung von Zucker angebaut – ja, und natürlich für die von Rübenkraut!

Zartes Gemüse von Rübenfeldern

Meine Großmutter stammte aus Neuss. Wenn ich an sie denke, fällt mir ein, dass sie noch Neusser Platt sprach, wie das im Neusser Bürgertum üblich war – in Düsseldorf war das verpönt. Und ich erinnere mich daran, wie gut sie und später meine Mutter als Frühjahrsgericht Stielmus, auch Rübstiel genannt, zubereiten konnte. Das sind die zarten Stiele und Blättchen von Rüben – wer durchs Rheinland fährt, sieht ja auf den Feldern, so weit das Auge reicht, Rüben.

Meine Großmutter bereitete den Stielmus ganz klassisch mit einer Mehlschwitze zu, das kennt man heute kaum noch. Damals war es üblich, Stielmus und Wirsing darin zu servieren, ja sogar Rotkohl wurde in einer Mehlschwitze gereicht.

Brigitte Sichelschmidt-Frett, Düsseldorf

Grießbrei mit Obst

Zutaten

(für 4 Personen)

800 ml Milch
1 Prise Salz
120 g Weizengrieß
2–3 EL Zucker
1–2 Pck. Vanillezucker
1 großes Ei
40 g Butter

Zubereitung

Die Milch mit dem Salz aufkochen und dann die Temperatur auf mittlere Stufe reduzieren. Den Grieß, Zucker und Vanillezucker unter Rühren einrieseln lassen, bis der Grieß aufgequollen ist.

Den Topf vom Herd ziehen und den Grieß etwas abkühlen lassen. Das Ei trennen und das Eigelb unterziehen, dann die Butter unterrühren. Wer mag, das Eiweiß steif schlagen und in Flöckchen unterheben. Dazu schmecken eingemachtes oder frisches Obst sowie Kompott.

Was für ein tolles Mittagessen! Regina Gräßle und ihren Geschwistern lief schon das Wasser im Munde zusammen, wenn die Mutter in der Küche den Eischnee schlug. Man kann ihn aber auch weglassen oder den Brei mit Zimt und Zucker bestreuen.

Echte Handarbeit

Dieses schmackhafte Dessert wurde in meiner Kindheit bei uns als Hauptgericht mittags unter der Woche gegessen. Mit diesem Gericht verbinde ich folgende Kindheitserinnerung: Der Eischnee wurde von meiner Mutter per Hand mit einer Gabel in einem tiefen Teller steif geschlagen und zwar so steif, dass man den Teller zum Test komplett umdrehte und das Eiweiß haften blieb.

Wenn meine Geschwister und ich dieses typische Geräusch aus der Küche hörten, wussten wir gleich, was es zu essen gab, und worauf wir uns freuen konnten. Da wir alle den Grießbrei mit untergehobenem Eiweiß so liebten, brach jedes Mal ein Streit darüber aus, wer von uns den Grießbrei in dem Teller serviert bekam, in dem das Eiweiß zuvor geschlagen wurde. Derjenige, der letztendlich den Teller ergatterte, freute sich über die klitzekleine Mehrmenge an Eiweiß. Als Beilage gab es eingemachtes Obst wie Kirschen oder Pfirsiche oder selbst gemachtes Apfelkompott.

Regina Gräßle, Düsseldorf

Heringsstipp

Zutaten

(für 4 Personen)

4–6 eingelegte Heringsfilets
200 g saure Sahne
100 g Schlagsahne oder Joghurt
1 Spritzer Zitronensaft
1 TL scharfer Senf
1 große Zwiebel, in Ringe geschnitten
1 großer säuerlicher Apfel, fein gewürfelt
3–4 Gewürzgurken, in Scheiben geschnitten
1 Prise Zucker
einige Dillspitzen, fein zerzupft
Salz und frisch gemahlener schwarzer Pfeffer

Zubereitung

Den Hering in etwa 2 x 2 cm große Stücke schneiden. In einer Schüssel saure Sahne, Schlagsahne, Zitronensaft und Senf gut miteinander verrühren. Hering, Zwiebel, Apfel und Gurken unterheben.

Mit den Gewürzen kräftig abschmecken und am besten vor dem Servieren über Nacht im Kühlschrank durchziehen lassen.

Der Hering für den Klassiker Heringsstipp kam mit dem Schiff aus der Nordsee über den Rhein zu den Fischhändlern. Die Hausfrau kaufte dort frisch und günstig ein.

Eine Schürze für alle Fälle

In meiner Kindheit in den 1940er- und 1950er-Jahren war es üblich, dass die Frauen zu Hause – und das nicht nur bei der Küchenarbeit – Schürzen trugen. Diese Schürzen schützten ihre Trägerinnen nicht nur bei der Essenszubereitung vor Spritzern und Schmutz, nein, sie erfüllten viele Zwecke: Ging beim Kochen oder bei der Salatzubereitung etwas daneben, trat die Schürze in Aktion. Aber darin wurden auch Dinge transportiert, damit wurde alles abgetrocknet oder abgewischt, was feucht war.

Und, wie sich viele erinnern werden, mit einem angefeuchteten Schürzenzipfel wurde kleinen Kindern sogar nach dem Essen der Mund abgewischt, manchmal der Einfachheit halber gleich das ganze Gesicht. Dieses Gefühl und der komische Geruch verfolgten einen lange, auch, wenn man schon größer war.

Heidi Hürten, Köln

Zwiebelsuppe

Zutaten

(für 4 Personen)

750 g Zwiebeln
500 g Kartoffeln
1 große Möhre
4 Bratwürste
Fett zum Braten
2 Lorbeerblätter
1–1,5 l Fleischbrühe
2 EL Essig
Salz
frisch gemahlener weißer Pfeffer

Zubereitung

Die Zwiebeln schälen und in Ringe schneiden, die Kartoffeln und die Möhren schälen und würfeln. Die Würste über die ganze Länge mit einer Gabel einstechen. In einem großen Topf bei mittlerer Temperatur etwas Fett erhitzen und die Zwiebeln darin anbraten. Kartoffeln, Möhre, Würste und Lorbeerblätter zugeben und mit der Brühe übergießen.

Alles 40 Minuten bei mittlerer Temperatur garen. Die Würste herausnehmen, in dicke Scheiben schneiden und wieder zugeben. Die Suppe mit Essig, Salz und Pfeffer abschmecken.

Die Zwiebelsuppe bereitet der Rheinländer außer mit reichlich Zwiebeln ganz typisch mit einer Möhre zu.

Tünnes, Schäl un de Öllisch

Gerne erzählt Heidi Hürten Witze aus ihrer Kölner Kinderzeit nach dem Zweiten Weltkrieg. Viele davon handeln natürlich von den beiden Kölner Originalen Tünnes un Schäl und die meisten haben mit Essen zu tun:

Tünnes un Schäl essen für gewöhnlich an der Theke ein Frikadellscher. Seit Längerem verzichten beide aber darauf. Fragt der Wirt: Schmecken üch ming Frikadellscher nit mich? Tünnes: Nemmt dat Scheld us dem Finster: Ältere Frau zum Kochen gesucht!

Tünn, hier steht in de Zedung, dat ne Mann in Kanada janz allein von Öllisch (Zwiebeln) lebt! Schäl: Dä hät och allen Grund, allein zo läve!

Heidi Hürten, Köln

Griebenschmalz

Zutaten

(für 1 Töpfchen Schmalz)

500 g Bauchspeck
1 großer Apfel
2 Speisezwiebeln
11/2 TL getrockneter Majoran
Salz und frisch gemahlener schwarzer Pfeffer

Zubereitung

Den Bauchspeck abwaschen und mit Küchenpapier trocken tupfen. Durch den Fleischwolf drehen und in einen Topf geben. Die Äpfel schälen, von den Kerngehäusen betreien und grob würfeln. Die Zwiebeln schälen und ebenfalls grob würfeln. Beides mit dem Majoran zum Fett in den Topf geben. Salzen und reichlich pfeffern.

Bei niedriger Temperatur köcheln, bis das Fett klar wird. In einen Topf füllen und kühl stellen, bis das Schmalz durchgängig hart ist. Schmeckt lecker auf einer Scheibe frischem dunklen Brot.

Griebenschmalz haben die Hausfrauen in den 1950er- und 1960er-Jahren noch selbst zubereitet.

Alles selbst gemacht

In meiner Kindheit in den Jahren 1950 bis 1960 gab es nicht so viel Auswahl an „feinen“ Nahrungsmitteln, das meiste wurde selbst gemacht. Man hatte oft einen eigenen Garten oder zumindest einen Schrebergarten, auch Hühner- und Kaninchenställe. Gurken und Kürbisse wurden eingelegt, aus Obst wurde Marmelade gekocht und zu jeder Jahreszeit gab es nur, was gerade vorhanden war. Sauerkraut und grüne Schnibbelbohnen wurden als Vorrat in Tontöpfen haltbar eingemacht. Selleriescheiben wurden wie Schnitzel gebraten – statt Spargel gab es Schwarzwurzeln, „Spargel für arm Lüt“, oder Brennnessel- und Spinatsalat. Für Rheinischen Sauerbraten nahm man Pferde- statt Rindfleisch. Als Beilage zu den meisten Gerichten schmeckten uns Kartoffelpüree oder Klöße. Sogar Wurst und Schmalz waren selbst gemacht.

Ingrid Buschmann verbrachte die Kindheit in Düsseldorf und lebt heute in Meerbusch

Pfefferkuchen

Zutaten

(für 4 Personen)

- 250 g Rübenkraut
- 250 g Honig
- 250 g Butter
- 250 g Zucker
- 2 Eigelb
- 1 kg Weizenmehl
- 150 g Kakao
- 10 g Hirschhornsalz
- 1–2 Tütchen Lebkuchengewürzmischung aus der Apotheke
- Mandeln zum Verzieren
- Zartbitterschokolade zum Bestreichen

Zubereitung

In einem Topf Rübenkraut, Honig und Butter bei mittlerer Temperatur miteinander zerlassen. Den Zucker einstreuen, unterrühren und das Ganze abkühlen lassen. Das Eigelb gleichmäßig einrühren.

In einer Schüssel die trockenen Zutaten vermengen und in die Mitte eine Mulde hineindrücken. Die flüssigen Zutaten hineingießen, alles gut verkneten und die Schüssel mit einem sauberen Küchentuch abdecken. Die Schüssel über Nacht in den Kühlschrank stellen.

Den Teig nochmals gut durchkneten und auf einem Backblech etwa fingerdick ausrollen. Nochmals einige Stunden bei Zimmertemperatur abgedeckt ruhen lassen, am besten wieder über Nacht. Den Backofen auf 180 °C vorheizen und dann Lebkuchen ausstechen oder ausschneiden. Nach Belieben mit Mandeln verzieren und etwa 10–15 Minuten auf der mittleren Schiene backen. Die Lebkuchen sollten nicht zu trocken werden. Abkühlen lassen und – wer keine Mandeln verwendete hat – mit geschmolzener Schokolade bestreichen: Das schmeckt nicht nur gut, so halten die Lebkuchen auch besser.

Einige Gewürze für die Weihnachtsbäckerei – Spekulatius und Lebkuchen waren im Rheinland ein verbreitetes Gebäck, auch Printen. Diese stammen vor allem aus dem Aachener Raum.

Oh du Fröhliche Weihnachtszeit

Als wir Kinder waren, wurde ja noch viel selber gebacken, vor allem zur Advents- und Weihnachtszeit und wir durften „mithelfen“. An den Duft nach Gewürzen wie Kardamom, Zimt oder Piment kann ich mich bis heute gut erinnern. Gerade in der Zeit nach dem Zweiten Weltkrieg waren Gewürze, so auch das Lebkuchengewürz, etwas Kostbares, darum wurde nur zu den Feiertagen damit gebacken. Der Apotheker musste es extra bestellen. So entstanden Spekulatius, Lebkuchen oder Printen nach alten Familienrezepten. Das Schönste war immer, den dünnen Teig mit den Mandeln zu verzieren, die eine oder andere verirrte sich dann schon mal beim „Vorkosten“.

Heidi Hürten, Köln

Pflaumenkuchen

Zutaten

(für 1 Blech)

2,5 kg Pflaumen
500 g Weizenmehl zzgl. etwas zum Bestäuben
1 Würfel frische Hefe
200 ml Milch
50 g Butter
120 g Zucker zzgl. etwas zum Bestreuen
Salz

Zubereitung

Die Pflaumen gründlich waschen und entkernen, in Hälften schneiden. In eine Schüssel das Mehl sieben und eine Mulde hineindrücken. Dort hinein die Hefe bröseln. In einem kleinen Topf die Milch mit der Butter bei niedriger Temperatur erwärmen. Zur Hefe geben und mit den Knethaken eines Handrührgerätes zu einem Vorteig rühren. Mit Mehl bestäuben und mit einem sauberen Küchentuch abgedeckt bei Zimmertemperatur 30 Minuten gehen lassen.

Den Teig mit den Händen kräftig kneten, damit die Luft entweicht. Nochmals abdecken und 1 Stunde gehen lassen. Den Backofen auf 200 °C vorheizen. Den Teig auf einem Backblech ausrollen und die Kanten etwas hochziehen. Mit den Pflaumenhälften ziegelartig belegen und im Ofen auf der mittleren Schiene 30–40 Minuten backen. Kurz vor Ende der Backzeit dick mit Zucker bestreuen.

Pflaumen aus dem eigenen Garten, frisch vom Baum gepflückt, schmecken unwiderstehlich gut. Wegen ihrer „durchschlagenden“ Wirkung heißt es jedoch, den Appetit ein wenig zu zügeln …

Vitaminreich und wirkungsvoll

Meine Mutter lebte mit uns Kindern in einer Dachgeschosswohnung. Eine Bekannte hatte einen Garten und brachte ihr eines Tages einen großen Korb voll leckerer Pflaumen. Meine beiden kleinen Zwillingsbrüder waren damals, es muss zu Beginn der 1940er-Jahre gewesen sein, ungefähr zwei Jahre alt und spielten in ihrem Laufstall. Ich war nur wenige Jahre älter.

Meine Mutter, überglücklich über die gesunden Früchte und dass sie ihren Kindern zu der Zeit einmal etwas so Gesundes und Leckeres bieten konnte, gab uns die Pflaumen so zu essen. Die waren wirklich lecker! Was am Ende im wahrsten Sinne dabei herauskam, kann man sich denken … Später wussten wir trotzdem zu schätzen, was man aus Pflaumen alles so zubereiten kann, Kompott, Mus und vor allen Dingen Pflaumenkuchen vom Blech.

Karin Siemons, Düsseldorf

Käse-Sahne-Kuchen

Zutaten

(für 1 Kuchen)

Für den Boden:
125 g Butter
125 g Zucker
1 Pck. Vanillezucker
2 Eier
125 g Mehl
1 TL Backpulver

Für die Füllung:
4 Eier
200 g Zucker
Saft von 1 Zitrone
500 g Speisequark (20 %)
12 Blatt Gelatine
250 g Sahne
Puderzucker zum Bestäuben

Zubereitung

Boden: Butter mit Zucker und Vanillezucker cremig rührig, Eier einzeln hinzufügen und jeweils mind. 1 Minute rühren. Mehl und Backpulver mischen und vorsichtig unter den Teig heben. Teig in eine gefettete Springform (ca. 28 cm) füllen und im vorgeheizten Ofen bei 180 °C ca. 25–30 Minuten goldgelb backen. Aus der Form lösen und abkühlen lassen.

Füllung: Eier trennen. Eigelb mit Zucker schaumig schlagen. Saft einer Zitrone zur Ei-Zucker-Masse hinzufügen. Ei-Zucker-Masse mit Quark verrühren. Eiweiß sehr steif schlagen und unter die Quarkmasse heben. 12 Blatt Gelatine 5 Minuten in kaltem Wasser einweichen, gut ausdrücken und unter Rühren im heißen Wasserbad erwärmen. Wenn sie flüssig ist, etwas Quarkmasse einrühren, dann die Gelatine langsam mit der Quarkmasse vermischen. Zum Schluss Sahne steif schlagen und unter die Quarkmasse heben.

Kuchen: Den Boden horizontal durchschneiden. Untere Hälfte in eine Springform legen. Den Rand der Springform mit Pergamentpapier oder einem Tortenring auskleiden. Quarkmasse auf den Boden füllen. Obere Teigplatte oben aufsetzen. Mindestens 2–3 Stunden kalt stellen, bis die Füllung fest ist. Springformrand entfernen; Tortenrand bzw. Papier mit Messer lösen und entfernen. Den Kuchen auf eine Kuchenplatte stürzen. Mit Puderzucker bestäuben.

Marianne Bongartz wusste nicht nur als Kind in den 1960er-Jahren die Backkünste ihrer Mutter zu schätzen. Mutters berühmter Käse-Sahne-Kuchen verlieh neue Kraft für die sommerlichen Spiele auf dem Hof.

Festtagskuchen

Meine Mutter ist nicht nur eine super Köchin, sondern vor allem eine Meisterbäckerin – noch heute mit fast 90 Jahren. Bei uns daheim gab es immer Plätzchen (keine Kekse!) aus eigener Produktion und die Kaffeetafel am Sonntagnachmittag gehörte zu den wöchentlichen Ritualen. Durften wir Kinder uns ein Gebäck wünschen, dann war es Käse-Sahne-Kuchen. Bis heute legendär ist mein Appetit bei diesen Gelegenheiten. Sonst ein miserabler Esser, verputzte ich mit Leichtigkeit vier bis fünf Stücke des köstlichen Backwerks.

Marianne Bongartz, Köln

Grießschnitten

Zutaten

(für 4 Personen)

500 g Milch
20 g Butter
30 g Zucker
1 Prise Salz
125 g Grieß (Hartweizen)
1 Ei
40 g Semmelbrösel
Fett zum Backen

Zubereitung

Milch mit Butter, Zucker und Salz aufkochen. Topf von der Kochstelle nehmen, den Grieß langsam einstreuen und gut rühren. Bei milder Hitze ausquellen lassen. Ein Ei verquirlen unter kräftigem Schlagen mit dem noch heißen Brei mischen. Eine Kastenform oder eckige Porzellanschüssel mit Klarsichtfolie auslegen, den Brei einfüllen und erkalten lassen. Wenn die Grießmasse fest ist, Form stürzen und Grießmasse in ca. 2–3 cm dicke Scheiben schneiden. Die Scheiben in den Semmelbrösel wenden und in der Pfanne in heißem Fett goldbraun backen. Zu den Grießschnitten schmecken Kompott, eingewecktes Obst oder eine Weinsauce – mmmh!

Das sieht ganz nach einem besonderen Anlass in den 1960er-Jahren im Hause Bongartz aus: Ein festlich eingedeckter Tisch und der Wein für die Erwachsenen durfte auch nicht fehlen.

„Fischstäbchen" süß

Fertiggerichte gab es bei uns daheim nie. Mein Bruder und ich mochten sie auch nicht. Das Geschrei war daher groß, als eines Mittags „Fischstäbchen" in der Pfanne brutzelten. Meine Mutter sagte keinen Ton, schaute uns nur vielsagend an und servierte die knusprigen Stäbchen, die so gar nicht nach Fisch rochen. Dazu gab es – ach wie merkwürdig – eine Weinsauce (so klein waren wir nämlich nicht mehr). Misstrauisch wurde probiert und siehe da, es schmeckte wunderbar.

Marianne Bongartz, Köln

Kochfisch

Zutaten

(für 4 Personen)

1 kg Schellfisch vom Schwanzende
2–3 l Wasser
Saft von 1 Zitrone
1 Zwiebel
3 TL Salz
1/2 TL Zucker
1 Lorbeerblatt
1/2 TL Pfefferkörner
1/2 TL Senfkörner

Zubereitung

In einem großen Topf Wasser mit der geviertelten Zwiebel, Zitronensaft, Salz, Zucker und Gewürzen aufkochen, danach Temperatur reduzieren. Den Fisch gegebenenfalls schuppen, abspülen, innen und außen salzen, in den nicht mehr kochenden Sud legen und ca. 15 Minuten auf kleiner Flamme garziehen lassen. Mit einer Schaumkelle aus dem Topf heben. Dazu passen eine Butter- oder Senfsauce, Salzkartoffel und Salat.

Wenn sie draußen mit ihrem Bruder spielte hörte Marianne Bongartz oft die Stimme ihrer Tante, die den rollenden Lebensmittelhändler „abfing“.

Immer Freitags

Als ich klein war, in den 1960er-Jahren, lebte eine Tante meiner Mutter mit uns zusammen. Sie hielt sich streng an die katholischen Fastenregeln – zumindest wenn es ihr schmeckte. Wie praktisch, dass ausgerechnet freitags ein ambulanter Obst- und Gemüsehändler bei uns vorbeikam, der auch Fisch führte. Kaum bimmelte seine Glocke, öffnete meine Tante das Fenster und rief hinaus: „Hatt Ihr Fisch?“ Klar, hatte er! Ein Fastenessen, das auch mir schmeckte. Vor allem, wenn der Fisch mit geschmolzener Butter übergossen wurde. Die Gräten des Schellfisches sind bei dieser Art der Zubereitung übrigens besonders leicht zu entfernen.

Marianne Bongartz, Köln

Feine Schlagsahne

Zutaten

(für 1 kleine Schüssel Sahne)

250 g Sahne
1–2 EL Zucker
1 Pck. Sahnesteif

Wahlweise:
Vanillezucker
Eierlikör
Kokosflocken
Fruchtpüree
Schokoladenraspel
Likör oder andere Spirituosen

Zubereitung

In einem kühlen sauberen Gefäß die Sahne anschlagen. Den Zucker und das Sahnesteif mischen und unter Rühren nach und nach einrieseln lassen.

Tropfen- oder löffelweise rasch die zusätzlichen Zutaten zugeben – nicht zu viel davon, die Sahne sollte nicht zu schwer werden oder gerinnen. Die Sahne nicht „überschlagen“, dann fällt sie in sich zusammen. Kühl stellen und zum Kuchen servieren.

Da wird doch der Hund …
ein geduldiger vierbeiniger Spielkamerad muss sich von Kindern so einiges gefallen lassen.

Auf den Hund gekommen

1948, ich war acht Jahre alt, gab es noch nicht so üppig Lebensmittel wie heute, zum Beispiel Schlagsahne. Aber es gab Magermilch, dazu ein Pulver, etwas braunen Zucker, der aus selbst geernteten Rüben mühsam gewonnen worden war. Dieser „Cocktail“ wurde in Handarbeit am geöffneten Fenster so lange geschlagen, bis eine sahneähnliche Substanz entstanden war.

Wir Kinder machten uns einen Spaß daraus, unserem Drahthaarterrier (ein Ohr stehend, eines abgeknickt, rotbraune und schwarze Flecken auf weißem Fell) von der „Sahne“ auf Rücken oder Schwanz zu tupfen. Mit laaaang gestreckter Zunge drehte und drehte er sich dann im Kreis, um die „Sahne“ zu erwischen. Später hat man dann gern – passend zum jeweiligen Kuchen – die Sahne verfeinert.

Heidi Hürten, Köln

Hühnerfrikassee

Zutaten

(Für 4 Personen)

1 Hühnchen (ca. 1,2 kg), gewaschen
1 Bund Suppengrün, geputzt und grob gehackt
10 ganze Pfefferkörner
2 Lorbeerblätter
400 g Erbsen aus der Dose (alternativ Spargel)
Salz und frisch gemahlener schwarzer Pfeffer
80 g Butter
3 EL Mehl
200 g Sahne
150 ml Milch
Saft und etwas abgeriebene Schale von 1 Zitrone

Zubereitung

Das Hühnchen in einen großen Topf legen, Suppengrün, Pfeffer und Lorbeer dazugeben und alles gut mit Wasser bedecken. Aufkochen und bei reduzierter Temperatur etwa 2 Stunden köcheln lassen. Das Huhn aus der Flüssigkeit nehmen und beiseitestellen. Die Kochflüssigkeit durch ein Sieb passieren, auffangen und etwas davon wieder in den Topf geben. Die Erbsen später darin erhitzen.

In einem weiteren Topf eine Mehlschwitze herstellen: die Butter bei mittlerer Temperatur zerlassen und das Mehl einrühren. Etwas Kochflüssigkeit, Sahne und Milch unter Rühren zugeben, bis eine sämige Sauce entstanden ist. Mit Salz, Pfeffer und reichlich Zitronensaft und -schale abschmecken und warm stellen.

Das Hühnchenfleisch in mundgerechten Stücken in die Sauce geben. Erbsen und Möhren unterheben. Dazu schmeckt Reis – man kann den gekochten Reis auch unter das Frikassee heben.

Na, da freut sich jemand richtig aufs Essen: Für den kleinen Thomas Schayer hieß es, beim Essen keine Zeit zu verlieren und drei Geschwistern beim „Zuschlagen" zuvorzukommen. Das Hühnerfrikassee gab es immer sonntags.

Immer wieder sonntags

Schon früh prägte das Leben mich zum leidenschaftlichen Esser. Denn kaum war ich 1960 auf diese Welt gekommen, musste ich aufgrund einer Magenpförtnererkrankung hungern. Dafür entwickelte ich in der Folge einen ausgesprochenen Heißhunger – als ob es das Versäumte immer wieder aufs Neue nachzuholen galt.

Meine Mutter kochte täglich frisch, aber Fleisch und die kulinarischen Höhepunkte gab es vorwiegend sonntags. Zu meinem Lieblingsessen avancierte dabei das Hühnerfrikassee. Der Duft des von meiner Mutter im Schnellkochtopf zubereiteten Huhns bot quasi das olfaktorische Entree. Das Frikassee wurde in einer hitzebeständigen Glasschüssel serviert. Die Mischung von zarten und zugleich festen Hühnerfleischstücken mit Reis, in einer leicht zitronigen Sahne- und Buttersauce, mal mit Erbsen und optimalerweise, wenn es die Jahreszeit zuließ, mit Spargel, schmeckt einfach köstlich.

Später, in meiner Studentenbude, musste die Fertigpackung vom Discounter herhalten, um mir wenigstens eine Ahnung der mütterlichen Köstlichkeiten in Erinnerung zu rufen.

Thomas Schayer, Köln

Kalter Hund

Zutaten

(für eine Kastenform)

1 kg Kokosfett
1 Tasse Kakaopulver
1/2 Tasse Zucker
1 Fläschchen Rumaroma
2 Pakete Butterkekse

Zubereitung

In einem Topf das Fett bei niedriger Temperatur schmelzen. Nach und nach langsam und gleichmäßig Kakao, Zucker und Rumaroma einrühren. Abschmecken und eventuell mehr Zucker zugeben.

Eine Kastenform mit Frischhaltefolie auslegen. Butterkekse und Schokoladenmischung schichtweise abwechselnd einfüllen, die letzte Schicht sollte aus Schokolade bestehen. Etwas von der Schokomischung zurückbehalten und den gestürzten Kekskuchen damit an den Seiten bestreichen (dazu eventuell noch einmal leicht erwärmen). Bis zum Servieren einige Stunden kalt stellen, am besten über Nacht.

Thomas Schayer outete sich als Schokoladenfan durch und durch: Es blieb nichts übrig und der Pulli hatte auch was davon.

Platz 1 auf der Kindergeburtstags-Kuchenhitliste

Viele Mütter konnten damals, in den 1960er-Jahren, richtig gut backen. Sie kannten das von zu Hause und tauschten untereinander Rezepte aus. Familienfeiern gerieten zu wahren Backwettbewerben: Welche Torte war höher? Wer hatte die größte – natürlich selbst gebackene – Kuchenauswahl auf den Tisch gebracht?

Kindern aber machte man keine größere Freude als mit dem so ziemlich einfachsten, was die Küche zu bieten hat, und das auch noch ohne Backofen: dem kalten Hund oder der kalten Schnauze, wie der Keks-Kakao-Kuchen auch genannt wurde. Der schmeckte auf meinen Kindergeburtstagen in den 1960er-Jahren am besten und wurde immer wieder verlangt. Da konnte die Mutter an Kuchenkreationen anbieten, was sie wollte … der Kalte Hund blieb das allzeit gewünschte Geburtstags-Highlight.

Thomas Schayer, Köln

Dicke Bohnen

Zutaten

(für 4 Personen)

1 guter Stich Butter
1 große Zwiebel, gewürfelt
800 g Dicke Bohnen (aus dem Glas)
1 EL Mehl
Bohnenkraut
Salz und frisch gemahlener schwarzer Pfeffer
4 dicke Scheiben durchwachsener Speck, gewürfelt

Zubereitung

In einem Topf die Butter bei mittlerer Temperatur zerlassen. Die Zwiebel darin glasig werden lassen. Die Bohnen in ein Sieb geben und abtropfen lassen, etwas von der Flüssigkeit auffangen. Das Mehl in den Topf geben und unter Rühren eine Mehlschwitze herstellen, nach und nach von der Flüssigkeit dazugeben, bis eine cremige Sauce entsteht. Mit den Gewürzen abschmecken.

Die Bohnen und den Speck in den Topf geben, alles etwa 20 Minuten köcheln und gut heiß werden lassen. Zu Salzkartoffeln und Kassler oder Bratwurst servieren. Bei einem Dicke-Bohnen-Eintopf werden die gekochten Kartoffeln gewürfelt und untergehoben.

Eine Beilage, die von Kindern nicht gerade geliebt wurde: Dicke Bohnen. Viele wurden in späteren Jahren bekehrt und mutierten zu echten Fans.

Das Kinder-Grusel-Essen

Wie so manch anderes Gemüse wurden auch Dicke Bohnen früher in einer Mehlschwitze zubereitet und es gab sie tagein, tagaus. Heute kann ich es gar nicht mehr so genau sagen, warum, aber damals, in den 1960er-Jahren, waren Dicke Bohnen für mich als Kind (und, wie ich heute weiß, auch für andere Kinder) ein echter Graus. Ob es an der sämigen Sauce lag oder an dem leicht säuerlichen, vermeintlich muffeligen Geruch?

Lange Zeit waren Dicke Bohnen „aus der Mode", man hat sie nicht vermisst – und hatte auf einmal wieder Appetit darauf. Heute mag ich sie sogar ganz gerne.

Thomas Schayer, Köln

Altbiersuppe

Zutaten

(für 4 Personen)

1 1/2 Flaschen Altbier
1 TL gemahlene Nelken
1 TL gemahlener Zimt
120 g Zucker
4 Eier
400 g Sahne

Zubereitung

In einem Topf das Altbier mit den Gewürzen aufkochen. Währenddessen die Eier trennen und in einer Schüssel den Zucker mit dem Eigelb mithilfe des Handrührgeräts schaumig schlagen. Separat das Eiweiß zu einem steifen Schnee schlagen.

Das Altbier im Topf etwas abkühlen lassen, es sollte nicht mehr kochen. Die Sahne und die Zucker-Ei-Mischung zugeben und nochmals vorsichtig erhitzen, aber nicht kochen. Vor dem Servieren Eischneenocken unterziehen.

Ein Bier für alle Fälle: Auch das Altbier der Düsseldorfer Traditionsbrauerei „Uerige“ schmeckt als Kaltgetränk oder in der Suppe.

Eine süße Belohnung

Die Altbiersuppe kennen wir in Düsseldorf schon ewig. Sie wurde auch in meinen Kindertagen in den 1930er-Jahren oft zubereitet, das war so Usus. Da war man nicht so zimperlich, auch uns Kindern wurde die Biersuppe aufgefüllt – nur mochten viele von uns sie ganz und gar nicht. Die Zubereitung hatte jeder Rheinländer im Kopf und so habe ich sie später einmal für meinen Schwager zubereitet. Er kam aus Ostpreußen, kannte das nicht und war einfach begeistert. Nach harter Gartenarbeit am Samstag wünschte er sie sich dann immer als Belohnung. Eine Biersuppe kann man auch herzhaft mit Mehlschwitze, Speck, Kartoffeln oder Äpfeln statt der süßen Zutaten zubereiten.

Lilo Weber, Düsseldorf

Olikrabben

Zutaten

(für 7 Personen)

1,25 kg Mehl
1 Würfel frische Hefe (ca. 40 g)
1–1,5 l Milch
375 g Zucker
500 g Rosinen
7 Eier
1 gestr. TL Salz
Öl zum Backen

Zubereitung

Das Mehl sowie den Zucker in eine Schüssel geben und eine Mulde hineindrücken. Die Hefe hineinbröseln, dann von der Milch etwas abnehmen und erwärmen. Zur Hefe gießen und mit etwas Mehl und Zucker zu einem Vorteig verrühren. Abgedeckt an einem warmen Ort etwa 15 Minuten gehen lassen, bis der Vorteig aufgegangen ist.

Die übrigen Zutaten hinzufügen und alles zu einem homogenen, noch flüssigen Teig verrühren. Noch einmal 60 Minuten gehen lassen. In einer Pfanne das Öl auf mittlerer Stufe (nicht zu heiß werden lassen!) erhitzen und mit einer kleinen Kelle Teigmengen ins heiße Öl geben. Sind die Olikrabben gebräunt, vorsichtig mit einem Pfannenheber wenden.

folgt

Einmal im Jahr gab's Olikrabben

Ich liebe Olikrabben (sprich Olli-Krabben) – das sind kleine, süße Hefeküchlein, in Öl gebacken, sie waren das Karfreitagsessen meiner Kindheit in den 1970er-Jahren.

Schon früh am Vormittag setzte meine Oma oder meine Mutter die riesige Schüssel mit Hefeteig an und ich konnte es kaum erwarten, dass zur Mittagszeit hin der Duft der ersten frisch gebackenen Olikrabben durchs Haus zog. Die Schalen neben dem Herd füllten sich, auch eine Probierportion vorab war erlaubt, und endlich saßen wir zu siebt (Großeltern, Eltern, drei Schwestern) zum Mittagessen um den Küchentisch. Wir Kinder versuchten die Exemplare mit den meisten Rosinen herauszufinden. Und zum Glück blieben immer ein paar der goldbraunen Flädlein für den Abend übrig!

Wie man es aushält, dann wieder ein Jahr warten zu müssen? Weil es schön ist, sich auf etwas Unverwechselbares zu freuen. Und weil es mein zweites Lieblingsgericht wesentlich häufiger gab: Rindfleischsuppe. Übrigens: Nicht nur für meinen Nachwuchs habe ich die Tradition nach meinen Wanderjahren wiederbelebt!

Maria Nacke-Pollmann, Niederrhein

Register

Weitere Bücher aus der Region

Düsseldorf – einfach Spitze!
100 Gründe, stolz auf diese Stadt zu sein
Thomas Bernhardt
112 Seiten, zahlr. Farbfotos
ISBN 978-3-8313-2900-7

Bonn – einfach Spitze!
100 Gründe, stolz auf diese Stadt zu sein
Martin Wein
112 Seiten, zahlr. Farbfotos
ISBN 978-3-8313-2904-5

Weihnachtsgeschichten aus dem Rheinland
Pssst, das Christkind schläft!
Hildegard Kohnen
80 Seiten, S/w-Fotos
ISBN 978-3-8313-2742-3

Aufgewachsen in Mülheim
in den 40er und 50er Jahren
Thomas Kahl
64 Seiten, zahlr. Farb- u. S/w-Fotos
ISBN 978-3-8313-2421-7

Wartberg Verlag GmbH & Co. KG
Im Wiesental 1 | 34281 Gudensberg
www.wartberg-verlag.de
Bücher für Deutschlands Städte und Regionen
Tel. 0 56 03-93 05 0
Fax 0 56 03-93 05 28